Bruno Romano

—

Reine und angewandte Forschung in der Ausbildung der Juristen

Bruno Romano

Reine und angewandte Forschung in der Ausbildung der Juristen

Übersetzt von Susanne Lippert

Königshausen & Neumann

Bibliografische Information der Deutschen Nationalbibliothek

Die Deutsche Nationalbibliothek verzeichnet diese Publikation in der Deutschen Nationalbibliografie; detaillierte bibliografische Daten sind im Internet über http://dnb.d-nb.de abrufbar.

Gedruckt auf säurefreiem, alterungsbeständigem Papier
Umschlag: skh-softics / coverart
Umschlagabbildung: Statue der Minerva, Universität La Sapienza, Rom.
Bindung: Zinn – Die Buchbinder GmbH, Kleinlüder

Printed in Germany
ISBN 978-3-8260-5104-3
www.koenigshausen-neumann.de
www.buchhandel.de
www.buchkatalog.de

Washington 15/11/82

Caro Bruno,

ti sono molto grato per la tua affettuosa lettera e per la tranquillità che mi dà circa la vita dell'Istituto, anche se sento sempre di averti scaricato addosso un peso non indifferente. Me ne do tuttavia una certa qual ragione pensando che, prima o poi, dovrò andarmene e che tu dovrai assumerne la responsabilità piena. Anche per questo mi ha molto confortato la pacatezza della tua lettera.

Qui la vita di studio continua tranquilla. Ma certo solleva alcune questioni. La nostra cultura, specificamente quella italiana, è del tutto ignota e non sempre a ragione. Un fugace contatto con la Catholic University of America (che ha sede qui) mi ha sbalordito: sulla questione del diritto naturale l'unico riferimento è stato quello a Maritain.
Più viva è invece la Georgetown University, dei Gesuiti (ma i professori del Dipartimento di filosofia sono tutti o quasi laici):

su il dottorato

hanno numerosi corsi sulla filosofia contemporanea da Hegel in poi (Scheler, Husserl, Heidegger, ecc.) oltre a importanti temi teoretici.
Il contatto personale con alcuni professori è stato interessante

e simpatico, ma appunto mi ha fatto sentire il limite che incontriamo per la loro ignoranza dell'italiano -

Io penso che tu dovresti scrivere qualcosa in tedesco (da pubblicare sull'Archiv) per farti conoscere di più: il tedesco già lo leggono e tu lo conosci bene - Non vi è dubbio che qui, con tutti i limiti della cultura americana (di cui avremo occasione di parlare al mio ritorno), si ha un po' il centro di diffusione più vasta della cultura occidentale - Credo che non dobbiamo dimenticarlo, poiché scriviamo per essere letti e l'uditorio italiano è ormai ristretto - e tante volte, per giunta, sordo!

Rifletti a questo mio suggerimento, ma io terrei molto alla circolazione del tuo pensiero - Ne riparleremo a Roma -

Ancora grazie per tutto quanto stai facendo per me - Coi più affettuosi saluti a te, a tua moglie e alle bambine,

tuo Sergio *

* Eigenhändig geschriebener Brief von Sergio Cotta (Rechtsphilosoph, 1920-2007).

Bruno Romano

Bruno Romano ist seit 1981 an der Universität „La Sapienza" von Rom als Ordinarius für Rechtsphilosophie tätig, wo er auch juristische Anthropologie lehrte.

Außerdem hat er an den Universitäten von Macerata und Florenz gelehrt.

Er ist Direktor des Instituts für *Rechtsphilosophie und Juristische Methodenlehre* der Universität „La Sapienza" und koordiniert nationale und internationale kulturelle Aktivitäten, die im Rahmen der Disziplin organisiert werden.

Außer Beiträgen in Zeitschriften zählen zu seinen Werken:

Tecnica e giustizia nel pensiero di Martin Heidegger, Mailand, 1969; *Il senso esistenziale del diritto nella prospettiva di Kierkegaard*, Mailand, 1973; *Riconoscimento e diritto. Interpretazione della filosofia dello spirito jenese* (1805-1806) di Hegel, Rom, 1975; *Il compimento del soggettivismo come prassi democratica ed estinzione del diritto. Interpretazione della "Critica della filosofia hegeliana del diritto pubblico" di Marx*, Mailand, 1981; *Soggetto, libertà e diritto nel pensiero contemporaneo. Da Nietzsche verso Lacan*, Rom, 1983; *La liberazione politica*, (2. erweiterte und überarbeitete Ausgabe), Rom, 1984; *Il diritto tra desiderio e linguaggio. L'autocoscienza in Hegel e l'inconscio in Lacan. Lezioni a.a. 1988/89*, Rom, 1989; *Relazione con gli altri e fenomenologia del diritto. Due studi per Heidegger* (1889-1989, Rom, 1989; *La società post-moderna come sistema di universale dipendenza*, Rom, 1990; *Discorso e Diritto. Pulizia/polizia delle parole e giustizia*, Rom, 1993; *Il diritto strutturato come il discorso. Amore Uguaglianza Differenza. La differenza nomologica. Lezioni a.a. 1993-94*, Rom, 1994; *Nove tesi sulla ragione procedurale*, Rom, 1994; *Critica della ragione procedurale. Logos e Nomos. Teubner Luhmann Habermas discussi con Heidegger e Lacan. Lezioni 1994-95*, Rom, 1995; *La società post-moderna come sistema di universale dipendenza*, Rom, 1995; *Filosofia e diritto dopo Luhmann*, Rom, 1996; *Ortonomia della relazione giuridica. Una filosofia del diritto*, Rom, 1997; *Terzietà del diritto e società complessa*, Rom, 1998; *La legge del testo. Coalescenza di logos e nomos*, Turin, 1999; *Il diritto tra causare e istituire. Numeri del mercato e parole del diritto*, Turin, 2000; *Filosofia del diritto*, Rom-Bari, 2002; *Fondamentalismo funzionale e nichilismo giuridico. Postumanesimo 'Noia' Globalizzazione*, Turin, 2004; *Sulla trasformazione della terzietà giuridica. Sette domande al giurista e al filosofo*, Turin, 2005; *Scienza giuridica senza giurista: il nichilismo 'perfetto'*, Turin, 2006; *Due studi su forma e purezza del diritto*, Turin, 2008; *Ricerca pura e ricerca applicata nella formazione del giurista. Diritto e bio-economia*, Turin, 2008; *Male ed ingiusto. Riflessioni con Luhmann e Boncinelli*, Turin, 2009; *Diritti dell'uomo e diritti fondamentali*, Turin, 2009; *Filosofia della forma. Relazioni e regole*, Turin, 2010; *Studi in memoria di Sergio Cotta* (Hrsg.), Mailand, 2010; *Dono del senso e commercio dell'utile. Diritti dell'io e leggi dei mercanti*, Turin, 2011; *Forma del senso. Legalità e giustizia*, Turin, 2012.

Einleitung

Die Seiten des vorliegenden Buches stellen den letzten Teil meiner Vorlesungen der Rechtsphilosophie dar, gehalten im Studienjahr 2007-2008.

Es wurde über folgende Fragen nachgedacht:

a) Was wird aus der juristischen Fakultät, wenn sie die reine Forschung marginalisiert und sich auf die verschiedenen, spezialisierten Gebiete der angewandten Forschung beschränkt?

b) Welche Beziehung hat die juristische Bildung zur Dimension der Kunst, verstanden als Ausgangspunkt der sich konstituierenden Kreativität der reinen Forschung?

Die angesprochenen Fragen werden im Kontext der gegenwärtigen Gesellschaft diskutiert, im Rahmen einer Bioökonomie, die im wirtschaftlichen Gewinn einen Ausdruck des biologischen Gewinns sieht.

Man fragt sich, welche Struktur die Verwandlung der juristischen Sprache unter den gegenwärtigen Umständen hat, wenn man bedenkt, dass das Recht nur in der Sprache exististieren kann und dass die juristische Sprache sich nicht auf die alleinige Sprache der Normen beschränken lässt, da sie entsteht, um auf Menschen zu treffen, die einzigen Subjekte des Rechts, die einzigen Sprecher, Protagonisten der Durchführung des Prozesses, der das Urteil vorbereitet, das von einem unvoreingenommen Dritten ausgesprochen wird, dem Richter, und für die Menschen und nicht für die Normen bestimmt ist.

Die Entstehung und der Zweck der Normen liegt nicht in anderen Normen, einem unerschöpflichen und außermenschlichen Weg gemäß, sondern sie liegt in den Menschen und in der Besonderheit ihrer Sprache, die diskursiv und dialogisch ist und die Wege der reinen Forschung als Hypothese voraussetzt.

Die Marginalisierung der reinen Forschung verwandelt die Auffassung vom Recht, die heute auf das Schema der sozialen Techniken beschränkt ist, die dem Bereich der angewandten Forschung angehören. Das Recht wird erst entsprechend der Methoden der Naturwissenschaften modelliert und dann als Apparat für das Funktionieren des Handels benutzt, ohne die juristische oder nicht-juristische Qualität der menschlichen Beziehungen zu beachten.

Die Sprache der Juristen bildet sich entsprechend der Struktur der Naturwissenschaften und ihren Resultaten, schnell gegeben und konsumiert im Rahmen einer Sprache der Preise, die die Globalisierung des Produzierens-Konsumierens konstruiert, aber nicht die weltweite Verbreitung der Rechte der Menschen als Menschen.

Hier sind Fragen und Analysen angedeutet, die das Recht in Frage stellen und dabei dazu einladen, sich der Besonderheit der Gegenwart bewusst zu werden.

B.R.

‚La Sapienza', April 2008

Für Abelardo Rivera Llano,
mit Bewunderung

„... leuchtet es klar ein, dass die Sprachen nicht eigentlich Mittel sind, die schon erkannte Wahrheit darzustellen, sondern weit mehr, die vorher unerkannte zu entdecken. Ihre Verschiedenheit ist nicht eine von Schällen und Zeichen, sondern eine Verschiedenheit der Weltansichen selbst".

(W. von Humboldt)

„... das Recht wird durch Sprache konstituiert...
die Welt wird nur durch die Sprache und sie existiert nicht außerhalb der Sprache...".

(A. Kaufmann)

Inhalt

I
Juristische Fragen und Naturwissenschaften

„Die juristischen Fakultäten der ganzen Welt entlassen jedes Jahr Tausende von Studenten auf den Arbeitsmarkt, die im Nachdenken über und sich Zurechtfinden in Fällen von Betrug, Diebstahl, Gewalt und Ungerechtigkeit ausgebildet wurden; die juristischen Bücher verteilen mit vollen Händen Prinzipien, nach denen das menschliche Handeln zu beurteilen ist“[1].

Diese Beschreibung wird von Hauser vorgelegt, um jene kulturelle Welt zu kritisieren, die noch daran festhält, nach den Prinzipien der Geisteswissenschaften und daher der Sozialwissenschaften zu handeln. Der Überzeugung dieses Forschers nach „lässt sich eine ‚Renaissance‘ vorhersehen“, weil in Zukunft die Fragen nach den ‚Wurzeln des Gerechten‘ und demzufolge auch die Aktivitäten der Fakultäten der Rechtwissenschaften keine „Domäne der Geisteswissenschaften und der Sozialwissenschaften“ mehr sein werden, sondern in einem „gemeinsamen Studiengang zusammen mit den Naturwissenschaften“[2] unterrichtet werden.

Es wird angekündigt, dass die *Kunst des Juristen* durch die *Technik des Norm-Biologen* ersetzt werden wird, die gerade durch die wissenschaftlichen Errungenschaften der *Evolutionsbiologie* und der *biologischen Anthropologie* ermöglicht werden wird. Auch mit Hilfe der in den Neurowissenschaften verwendeten Techniken sollten diese beiden Disziplinen – nach Hauser – es ermöglichen, „besser zu verstehen, warum einige unserer Handlungen und einige unserer Entscheidungen immer ungerecht, gestattet oder strafbar erscheinen werden und warum einige Situationen uns dazu führen werden, das Empfindungsvermögen zu verletzen, das uns vom Gesetz überliefert wird.“[3] Sobald wir dieses ‚verbesserte Verständnis‘ erreicht haben, werden wir eine *wissenschaftliche Kenntnis des Rechts* haben, die, wie alle anderen Phänomene der Lebenden, einen permanenten Kern von Gesetzen der menschlichen Handlungsweisen haben sollte, ans Licht der Biologie gebracht mittels eines systematischen Vergleichs der untersuchten Handlungsweisen im *Leben der Menschen* und im *Leben der Tiere.*

In der Diskussion über den Übergang vom *Juristen* zum *Normbiologen*[4] ist es unverzichtbar zu beschreiben, was die Kondition der *Menschen* mit derjenigen der *Tiere* verbindet und was sie voneinander trennt. In

---

1 M.D. Hauser, *Moral Minds: The Nature of Right and Wrong*, New York, 2007, S. 1 (it. Übers. *Menti morali. Le origini del bene e del male*, Mailand 2007, S. 13, die Übersetzung ins Deutsche stammt von Susanne Lippert).

2 Ebd. S. 425 (it. Übers. S. 415).

3 Ebd. S. 2 (it. Übers. S. 14).

4 Vgl. mein *Il giurista è uno 'zoologo metropolitano'? A partire da una tesi di Derrida*, Turin, 2007.

diesem Diskurs sind die Themen der Gegenseitigkeit, des Altruismus, des Egoismus von zentraler Bedeutung, die, wenn sie vom „Standpunkt des Gens" aus behandelt werden, aber dazu führen, dass auch bezüglich des Menschen „anstatt zu fragen ‚wie kann ich dir helfen'?" gefragt wird, „wie kann es mir helfen, dir zu helfen'?".

Der Übergang von der ersten zur zweiten dieser beiden Fragen bezeichnet einen radikalen Umsturz; man würde behaupten, dass „die Gegenseitigkeit ein Akt des Eigennutzes ist, da sie aus der Erwartung eines gleichwertigen Rücklaufs entspringt: Nahrung gegen Nahrung, Massage gegen Massage, Pflege gegen Pflege"[5]; dies würde durch das Studium des Verhaltens von vielen Arten von Lebewesen bewiesen.

Die Untersuchungen von Hauser werden durchgeführt mithilfe des Vergleichs von Beobachtungen hinsichtlich der *Menschen* und Beobachtungen hinsichtlich der *Tiere,* wodurch angeblich „die Behauptung der Einzigartigkeit des Menschen" überwunden wird, die sich in unserer Kultur konsolidiert hat, weil eine komparative Beschreibung fehlte, welche sich aus „Studien über andere Tiere"[6] ableitet, die auf der Ebene der „Naturwissenschaften"[7] durchgeführt wurden.

Das Urteil gegen die ‚Behauptung der Einzigartigkeit der menschlichen Spezies' wird komplett infrage gestellt, wenn drei im Folgenden formulierte Fragen diskutiert werden.

a) Ist das Recht in seinen konstitutierenden und getrennten Figuren des überparteiischen Gesetzgebers, des überparteiischen Richters und der überparteiischen Polizei[8] ein exklusiv menschliches Phänomen?
b) Ist die Sprache der Kunst ein nur dem Menschen angehörendes Vermögen?
c) Existiert die *reine Forschung* unterschieden von der *angewandten Forschung* sowohl bei Tieren als auch bei Menschen?

Diese drei Punkte fließen zusammen zu den Fragen, α) ob eine juristische Ausbildung, die sich im Rahmen der *angewandten Forschung* erschöpft und nie die aufgeklärte Tiefe der *reinen Forschung* erreicht, haltbar ist; β) ob das Vorherrschen der Modelle der *Naturwissenschaften* dazu beiträgt, die reine Forschung zu verdrängen und die *Kunst* der Juristen in die *Technik* der Normverwalter zu verwandeln.

Es wird folgende These angekündigt: Die Naturwissenschaften können nicht das Nachdenken des Menschen über den *Sinn* zum Inhalt haben, darüber *was aus dem Selbst wird.* Wenn die Fragen nach dem Sinn[9] verdrängt werden, dann wird *der Grund der reinen Forschung* nach

---

5 M.D. Hauser, ebd., S. 311 (it. Übers. S. 305).
6 Ebd. S. 312 (it. Übers. S. 306).
7 Ebd. S. 425 (it. Übers. S. 415).
8 Vgl. A. Kojeve, *La notion de l'autorité*, Paris, 2004, S. 60; diese Arbeit geht dem Buch *Esquisse d'une phénoménologie du droit*, Paris, 1981, S. 227 f. voraus.
9 Vgl. M. Richir, *Fragments phénoménologiques sur le langage*, Grenoble, 2008, S. 93 ff.

und nach ausgelöscht, der *auf diesem anfänglicheren Schritt fußt: Über den Sinn diskutieren, indem man Hypothesen formuliert, die neue Wege öffnen und die unterschiedlichen Bereiche der reinen Forschung ausbilden.*

Die Tiere zeigen keinerlei Anzeichen einer Suche nach dem Sinn, keine Spur der Kreativität der Kunst und sie bemühen sich nicht um die reine Forschung.

Wenn die *reine Forschung* verblasst, bleiben verschiedene Modalitäten der *angewandten Forschung* übrig und bezüglich des Rechts bleibt die funktionale Ordnung der Normen, die Technik ihrer erfolgreichen Anwendung, die inzwischen von dem Ursprung der Normen losgelöst ist, der nicht in anderen Normen liegt, sondern im Menschen selbst, in seiner *Suche nach einem Sinn in den menschlichen Beziehungen,* also in seinem Sich-öffnen gegenüber der *reinen Forschung,* die die verschiedenen Bereiche der *angewandten Forschung* erleuchtet. Radbruch merkt an, dass „keine Rechtsordnung denkbar" ist, die nicht als „Rechtsverhältnisse"[10] aufgefasst werden kann, die aus der Wahl einer „Sinn"[11]-Richtung entstehen.

In seinen Untersuchungen, die hier nicht in Bezug auf die Verbindung zwischen Markt und Recht diskutiert werden, zeigt Hayek, dass das in den *Sozialwissenschaften* untersuchte Material weder physische Objekte noch biologische Objekte sind, die von den *Naturwissenschaften* behandelt werden. Das Material der *Sozialwissenschaften,* und daher auch der sogenannten ‚juristischen Wissenschaften', sind die Menschen und ihre Auffassung vom Zusammenleben, die dargestellt wird mithilfe von Ideen, die auf andere Ideen verweisen[12].

Daraus entsteht eine folgendermaßen zu formulierende Frage: Kann die Untersuchung und die Beurteilung des menschlichen Verhaltens durchgeführt werden, ohne zu berücksichtigen, dass sich in ihm, auch und nicht nur marginal, das Werk der Selbstinterpretation des Menschen manifestiert, die im Raum der Freiheit vollbracht wird, der immer wieder erneuert wird, durch den dialogischen Einfluss von Ideen auf Ideen und nicht von Objekten auf Objekte?

Die Antwort geht von der bewussten Beobachtung aus, dass ein soziales System, auch das des Rechts, sich nicht als eine Menge von – physischen, biologischen – Objekten beschreiben lässt, die nach den Modellen der Naturwissenschaften und mithilfe der angewandten Forschung beschreibbar sind. Es ist nicht überzeugend, Ideen als Symptome der Lebensprozesse zu ‚erklären', die von den Naturwissenschaften untersucht werden. Wir kennen Ideengeschichten der Menschen; es existieren dagegen keine Ideengeschichten der Dinge, der Gewächse oder der Tiere.

---

10 G. Radbruch, *Rechtsphilosophie*, Stuttgart, 1956, S. 130.

11 Ebd. S. 217 f.

12 Vgl. F. A. von Hayek, *Mißbrauch und Verfall der Vernunft*, Salzburg, ²1979, S. 21-49. Vgl. R. Cubbedu, *Friedrich A. von Hayek*, Rom 1955; F. Tedesco, *Introduzione a Hayek*, Rom – Bari, 2004; D. Antiseri, *von Hayek visto da Dario Antiseri*, Roma, 2007; G. Dostaler, *Le liberalisme de Hayek*, Paris, 2001.

Die *Ideengeschichte* ist keine Landschaft eines einzigen Geländes, nämlich der *Aktion der Evolution*.

Von der *Evolution* verschieden, ist die *Geschichte* eine ausschließlich den Menschen vorbehaltene Dimension und als solche manifestiert sie sich vielsagend in der Pluralität und der Transformation der Sprachen.

Unterschiedliche menschliche Gemeinschaften kommunizieren in unterschiedlichen Sprachen, die sich historisch entwickeln, sich fortbilden oder Verfallsprozesse erleiden[13]. Eine jede Art des nicht-menschlichen Lebens hat dagegen eine Sprache, die sich zwischen den verschiedenen Gruppen nicht unterscheidet, die der gleichen Spezies angehören. So gibt es zum Beispiel unter den verschiedenen Gruppen der Bienen weder verschiedene Sprachen, noch verschiedene Dialekte, und es werden keine neuen Regeln der Kommunikation eingeführt; es werden die gleichen Schemata von Informations-Zeichen repliziert, die biologisch nützlich sind zur Erhaltung der Art, unpersönlich und ohne Geschichte.

Die Geschichte der Sprachen der Menschen führt dazu zu denken: „jedes Ausgesprochene [Wort] bildet das Unausgesprochene, oder bereitet es vor“[14], weil in jedem Wort mehr ausgedrückt wird, als das Wort sagt, und ein Prozess der Sinnsuche beginnt, der die besondere Struktur der *reinen Forschung* in Gang setzt, die daran interessiert ist, einen Weg zu bereiten und zu öffnen hin zu Bereichen, die noch nicht erleuchtet sind und sich jetzt der Bildung von Sinnhypothesen öffen.

Aus dieser Perspektive behauptet Merleau-Ponty: „wir müssen als die eigenste Funktion des Wortes seine Kraft definieren, insgesamt mehr zu sagen als es wortwörtlich sagt, seine Kraft, sich selbst vorwegzunehmen, sowohl wenn es darum geht, den anderen auf das zu projizieren, was ich weiß und er noch nicht verstanden hat, oder mich selbst zu dem zu führen, was ich im Begriff bin zu verstehen“[15]. Beim Menschen beginnt jede Beziehung zu einem Text, auch zu dem Text der Normen, mit „der leichten Vertrautheit der Wörter unserer Sprache, der Ideen, die zu unserem Wissenshorizont gehören... ich muss [aber] an einem gewissen Punkt überrascht, desorientiert werden, und wir befinden uns nicht mehr in dem, was wir an Ähnlichem haben, sondern in dem, was wir an Unterschiedlichen haben... Sprechen ist nicht nur meine Initiative, Hören bedeutet nicht, der Initiative des anderen ausgeliefert zu sein, und das in letztem Grund deswegen, weil wir als sprechende Subjekte ein gleichbleibendes Bemühen *fortsetzen*, wieder aufnehmen, das älter ist als wir, aus dem wir beide wachsen und das die Manifestation, das Entstehen der Wahrheit ist.“[16]

---

13 Vgl. W. von Humboldt, *Über die Verschiedenheit des menschlichen Sprachbaus und ihren Einfluß auf die geistige Entwickelung des Menschengeschlechts*, Berlin, 1903.

14 Vgl. ders., *Über das vergleichende Sprachstudium in Beziehung auf die verschiedenen Epochen der Sprachentwiklung*, in: *Gesammelte Schriften*, Berlin, 1905, Band IV, S. 4.

15 M. Merleau-Ponty, *Die Prosa der Welt*, München, 1993, S. 135.

16 Ebd. S. 144 f.

Bei den sogenannten Sprachen der Tiere fehlt die Geschichte eines derartigen ‚Bemühens', weil die vitalen Zeichen ihrer Informationssprachen sich darauf beschränken, eine funktionale Anwendung zu finden; sie wagen es nicht, sich dem Risiko einer reinen Suche auszusetzen, die das Niveau der einfachen Wiederholung übersteigt, die sicherlich flexibel ist, aber doch immer auf die Mechanismen der zur Lebenserhaltung notwendigen Operationen beschränkt. Es fehlt das, was sich ausschließlich bei den Menschen zeigt, nämlich das willentliche und bewusste Riskieren, die *reine Forschung*, in der hypothesenbildenden Interpretation, die kreativ erhellt, was schon erworben wurde.

Aus dieser Hinsicht wird behauptet: „Auch lässt sich die Artikulation der Töne, der ungeheure Unterschied zwischen der Stummheit des Tiers und der menschlichen Rede nicht physisch erklären. Nur die Stärke des Selbstbewusstseins nöthigt der körperlichen Natur die scharfe Theilung und feste Begrenzung der Laute ab, die wir Artikulation nennen"[17].

Das Selbstbewusstsein manifestiert sich als exklusiv dem Menschen zugehörig, das einzige „wer", das einzige sprechende Subjekt auf der Suche nach einem Sinn. Es „lässt sich naturwissenschaftlich ebensowenig wie das Wesen des Wortes und der Sprache erklären"[18].

Im Rahmen der Sichtweise von Humboldt bemerkt Ebner: „Wie ja auch die kleinen Kinder, bevor sie noch reden können, auf ihre Laut – und Silbenbildungs –, gleichsam Sprechvorübungen – Artikulation einzelner Laute für sich und auch Konsonantierung irgend eines vokalischen Lautes... gewiss nur deshalb von selbst verfallen, weil das ‚Wort' und der ‚Drange' zur Sprache in sie hineingelegt,... wird man [bei den Tieren] niemals derartige Lautbildungsübungen, dieses das Sprechen vorbereitende Spielen mit den Elementen der Sprache, beobachten; denn in ihnen ist ja auch nichts, das wie im Kinde zur Sprache hindrängte und aber auch keineswegs, eben weil es... als Äußerung eines bloßen Instinkts, der das Individuum das zur Selbsterhaltung und Erhaltung der Gattung Zweckmäßige unbewußt tun heißt, aufgefasst werden kann"[19].

Entgegen der Behauptung von Nietzsche ist die Sprache der Menschen, auch die juristische Sprache, nicht das sonore Zeichen eines Instinkts, „die Abbildung eines Nervenreizes in Lauten"[20], sondern sie entwickelt sich im Fragen und im Antworten, entlang einer *Sinnsuche*, die die Hypothesenbildung aktiviert und also auch den Beginn der *reinen Forschung*, in allen seinen Manifestationen.

Die Naturwissenschaften befassen sich nicht mit der Suche nach dem Sinn. Ihre Vorherrschaft erzeugt heutzutage jenes Ungleichgewicht zwi-

---

17 Vgl. W. von Humboldt, *Über das vergleichende Sprachstudium in Beziehung auf die verschiedenen Epochen der Sprachentwiklung*, S. 4.

18 F. Ebner, *Das Wort und die geistigen Realitäten*, München, 1980, S. 97.

19 Ebd., S. 94-95.

20 Vgl. F. Nietzsche, *Über Wahrheit und Lüge im außermoralischen Sinne*, in: *Sämtliche Werke*, Berlin, 1988, Bd. 1, S. 878: „Was ist ein Wort? Die Abbildung eines Nervenreizes in Lauten".

schen reiner Forschung und angewandter Forschung, das das faktische Überwiegen dieser zweiten Dimension bedingt und auf dem Markt eine schnelle Monetisierung findet. „Im wissenschaftlich-mathematischen Denken“ wird die „innere Willenswirklichkeit des Ichs“[21] annulliert und es verbleibt nur die objektive Dimension des „Ichs“, die in der *Technik der kaufmännischen Berechnung,* orientiert an der Eliminierung der *Kunst des Erzählens,* zu einem berechneten Element wird.

Die Bemerkungen von Hauser, die darauf abzielen, die ‚Einzigartigkeit der Menschen‘ zu überwinden, behaupten mithilfe der Modelle der Naturwissenschaften beweisen zu können, dass „gemäß ihrer Natur alle sozialen Tiere herausfinden können, wer kooperiert und wer täuscht, wer freundlich ist und wer grausam, wer dominiert und wer untergeordnet ist“[22]. Daraus lässt sich ableiten, dass bei allen Tieren, „die ein soziales Leben führen, in Freiheit oder in Gefangenschaft, die Gefühle einen guten Teil ihres Lebens umfassen. Die Tiere bemühen sich um politische Strategien, sie versuchen, in der sozialen Hierarchie aufzusteigen oder es zu vermeiden, abzusteigen.“[23]

Bei einem derartigen ‚emotionalen‘ Lernen ergibt sich angeblich eine „Art von instruktivem Lernen“, das „einer unbebegrenzten Anzahl von biologischen Prozessen gemein ist, die vom Immunsystem bis zur Sprache reichen“[24]. So interpretiert wäre die Emotionalität nur ein biologisches Symptom.

Unter diese ‚Strategien‘ wird auch diejenige der „Wiederversöhnung“ gezählt, die „sich als Form der Konfliktlösung unter Tieren herausgebildet hat“[25]. Es wird überzeugt betont, man könne wissenschaftlich erklären, dass trotz der biologischen Unterschiede zwischen den verschiedenen Arten der Tiere die emotionale Dimension in allen Lebewesen „in die individuelle Handlung und in die Bewertung der Handlungen der anderen involviert ist“[26]. Es handelt sich um eine unpersönliche Emotionalität, die dazu dient, die anonyme Erhaltung des Lebens zu garantieren, mit einer „Wiederversöhnung“, die niemals von der Erwartung einer Sinnschöpfung gekennzeichnet wird, die grundlegend für das menschliche Wort ist und den informationstragenden Operationen der Tiere fremd.

Sollte der *Wiederversöhnung*, wie sie im sozialen Leben der Tiere beschrieben wird, im Zusammenleben der Menschen die *Verwaltung des Rechts* entsprechen?

Diese Frage erfordert es, dass bei der Bewertung der Errungenschaften der Naturwissenschaften hinsichtlich des Vergleichs zwischen Tieren und Menschen, die Fragen, die den Unterschied zwischen Menschen und nicht-menschlichen Tieren betreffen, gründlich neu diskutiert werden,

---

21 F. Ebner, *Das Wort und die geistigen Realitäten*, S. 143.

22 M. D. Hauser, *Moral Minds*, S. 319 (it. Übers. S. 312).

23 Ebd., S. 329 (it. Übers. S. 322).

24 Ebd., S. 422 (it. Übers. S. 412).

25 Ebd., 332 (it. Übers. S. 324).

26 Ebd., 330 (it. Übers. S. 327).

wobei dem Aufruf von Derrida gefolgt wird, welcher behauptet, dass es nur dann möglich ist zu klären, was man bezüglich einer gewissen Frage wirklich denkt, wenn man die Diskussion über die Grenze vertieft, die den Menschen von den Tieren trennt[27].

Die juristischen Analysen offenbaren hier ihre Enthüllungskraft für die Philosophie; sie klären, dass alles, was mit der juristischen Erfahrung, mit den Prozessangelegenheiten zu tun hat, im Ich wurzelt, in der Ausübung der Subjektivität, in seiner Zurechnungsfähigkeit. Die Tiere konstiuieren keine mögliche Partei in einem Prozess, sie sind nicht zurechnungsfähig, bleiben immer unschuldig, wie alles Nicht-menschliche; sie zeigen keinerlei Anzeichen eines *Wunsches nach einer Drittseite,* die bei den Menschen die Normen stiftet, verfahrens- und materiellrechtliche Normen für das Bilden eines überparteiischen, uneigennützigen und unparteischen Urteils. Die Konflikte der Tiere werden gelöst durch Erneuerung des *Gesetzes des Lebens, das mehr Leben hat* und dadurch biologisch überlegen ist.

Hauser bemerkt: „Die menschlichen Lebewesen wurden selektiert, um Probleme zu lösen, die mit dem Gesellschaftsvertrag zu tun haben, da diese die Art von Problemen darstellen, zu deren Lösung unsere Evolution uns in unserer Vergangenheit als Jäger und Sammler gebracht hat[28].

Nachdem er diese Besonderheit der menschlichen Lebewesen festgestellt hat, erklärt Hauser ausdrücklich, dem Darwin'schen Muster folgend, „die Möglichkeit, dass einige der zentralen Fähigkeiten, die unserer moralischen Urteilskraft zugrunde liegen, auch in nicht-menschlichen Tieren vorhanden sind". Er bezieht sich auf jene Handlungsweisen, die es implizieren, „den anderen zu helfen, zu schaden, sowie sich auszusöhnen hinsichtlich der Differenzen, um ein bisschen Frieden zu erreichen... Vielleicht ist der eklatanteste Unterschied – bemerkt Hauser – dass es scheint als hätten nur die menschlichen Lebewesen ein komplettes System hervorgebracht, während die einzelnen Arten eine gewisse Untermenge dieser Fähigkeiten zeigen"[29].

Der Unterschied zwischen den *nicht-menschlichen Tieren* und den *menschlichen Lebewesen* bestünde also nicht in einem radikalen *Qualitätsunterschied*, sondern in eine *graduellen Unterschied* der Komplexität der biologischen Evolution; diese sieht aus der Sicht von Darwin auf der einen Seite *die Tiere*, auf die spezifische Untermenge der lebenserhaltenden Funktionen konzentriert, die sie beschäftigen, und auf der anderen Seite *die Menschen*, die auch über die Unmittelbarkeit der Bedürfnisse ihres Lebens hinausgehen.

„Die Kooperation findet sich im gesamten Tierreich, nimmt aber verschiedene Formen an, die auf unterschiedlichen Prinzipien fußen, vermittelt durch psychologische Fähigkeiten und Anpassungsziele." Die

27 Vgl. J. Derrida, *L'animal que donc je suis*, Paris, 2006, S. 147.

28 M. D. Hauser, *Moral Minds*, S. 341 (it. Übers. S. 333).

29 Ebd., S. 358 (it. Übers. S. 348).

Menschen sind laut Hauser aufgrund ihrer Vergangenheit als Jäger und Sammler „die einzigen Tiere, die auf breiter Ebene mit genetisch nicht verwandten Individuen kooperieren und regelmäßig eine stabile Wechselseitigkeit zeigen, wobei sie sich auch auf einen heterogenen Austausch einlassen“[30], der den Markt und seine Sprache bildet, die Zahlensprache der Preise. Trotzdem wird hervorgehoben, dass „in Studien über die menschliche Kooperation kleinere Verzögerungen bei größerer Bezahlung zu höheren Raten der Zusammenarbeit führen, das heißt zu geringerer Abtrünnigkeit“[31], wie man unterschiedslos bei allen Lebewesen zu beobachten meint, die einen sofort konsumierbaren Gewinn in der *Gegenwart* einem in der *Zukunft* zu vervollkommenden Vorteil vorziehen.

Man liest aber bei Hauser, dass die Menschen normalerweise nicht auf eine *Unterkategorie* beschränkt bleiben – einen definierten Lebensbereich – sondern zu einem kompletten Ganzen Zugang haben – einer Welt der Koexistenz.

Über Hauser hinaus fragt man sich, ob Menschen die einzigen Lebewesen sind, die fähig sind zu dem Konzept der Verantwortung, das es ihnen gestattet, für ihr Ich verantwortlich zu sein, nicht nur in einem bestimmten *Bereich*, sondern auf der gesamten, mit anderen geteilten *Welt*. Hier soll aufmerksam gemacht werden auf die Gelegenheit, darüber zu diskutieren, ob die besonderen Kennzeichen der juristischen Zurechnungsfähigkeit ihre Wurzeln genau in diesem Verantwortlich-sein haben, das, hinsichtlich des Gerechten und des Ungerechten, des Gesetzmäßigen und des Nichtgesetzmäßigen, mit dem Menschen entsteht und nicht von der sofortigen Unmittelbarkeit seines Lebensbereichs determiniert und beschränkt wird. Die juristische Zurechnungsfähigkeit entsteht mit dem Menschen und erhält eine historische Definition durch die Einführung des zweiten Lebens, des außer-biologischen, des juristischen Systems. So muss man sich fragen, ob ausschließlich die Menschen aufgerufen sein können, sich für die Folgen ihrer Handlungen zu verantworten, die aus der Unmittelbarkeit ihres Lebensbereichs auf fremde und entfernte Wirklichkeiten Einfluss nehmen.

Es wird behauptet, dass heute die Menschen dazu aufgerufen sind, auch gemäß dem Recht zu beurteilen, was ihre Handlungen in anderen Kontinenten, verursachen, die von Menschen bewohnt werden, die sie nicht kennen. Das wird momentan diskutiert und juristisch geregelt in Bezug auf die Fragen der Verschlechterung der Lebensbedingungen in der Gesamtheit der globalisierten Welt durch die Produktion des Konsums.

Ironischerweise lässt sich zeigen, wie die Heuschrecken alles, worauf sie treffen, konsumieren und zerstören, ohne eine Vorstellung und ein Bewusstsein hinsichtlich der Verantwortung ihrer Handlungen für die Verschlechterung der Lebensqualität der anderen Lebewesen zu haben.

---

30 Ebd., S. 378 (it. Übers. S. 369).

31 Ebd., S. 386-387 (it. Übers. S. 377).

Die *Menschen* diskutieren, mehr oder weniger richtiggehend, über die sogenannten Rechte der Tiere oder der Umwelt. Die *Tiere* leben, um durch ihr einzelnes Leben das unpersönliche Leben ihrer Art zu erhalten; natürlich nehmen sie nie irgendeine Verantwortlichkeit bezüglich der Rechte der Menschen wahr.

Nach der These von Hauser, gehören die Kooperation und die Gegenseitigkeit immerhin zu einem ‚gegenseitigen Altruismus', das heißt sie erklären sich im Aufgreifen der Frage ‚*wie kann ich dir helfen?*', in einer Strategie, die darauf abzielt, ‚*wie es mir helfen kann, dir zu helfen*'.

Auch bei den Menschen hätten wir also „eine Wechselwirkung, die auf einem altruistischen Schenkungsakt beruht", der sich aber als „das Nebenprodukt des Sich-Wohlfühlens"[32] erweist, der Ausführung der Vorschriften des *biologischen Gewinns* für die Art, organisiert durch den ökonomischen Gewinn.

Wenn man bei der Einzigartigkeit einer derartigen Dimension bleibt, kommt man nicht zu dem *unentgeltlichen Sich-Aufopfern durch die Ausbildung und Vermittlung einer Sinnhypothese,* die, wie gezeigt werden wird, zum gleichen Weg der *reinen Forschung* gehört, der ausschließlich den Menschen vorbehalten ist und von der *angewandten Forschung* verschieden ist.

Die Neigung zur reinen Forschung ist durch ebendiese Struktur der Sprache/des Diskurses der Menschen gegeben, die „aus dem Dunkel nach dem Licht, aus der Beschränkung nach der Unendlichkeit"[33] führt.

Hier wird bestätigt, dass zu dem Wort und zum Artikulieren der Sprache das Engagement in der Bildung des Menschen gehört, das sich immer darin manifestiert, „dass ihm, neben dem Gebiete des schon Errungenen der Blick in eine unendliche, allmälig weiter zu entwirrende Masse offen bleibe"[34].

Der Blick, auf der Suche nach dem, was jenseits der schon erworbenen Kentnisse liegt, ist das Schicksal des Menschen, der „*sich frei gefühlt*" hat, mit dem Ausblick auf eine Weite, während im Rest des Nicht-Menschlichen „die große Weltorientierung… keine Lücke haben [darf]"[35], das Abenteuer des Forschers nicht riskiert wird, der reine Forschung unternimmt.

Der sich frei fühlende Mensch ist kein Objekt der Naturwissenschaften, da sich die Freiheit als solche nicht wissenschaftlich erklären lässt und gerade in dieser Struktur nimmt die Erscheinung der juristischen Zurechnungsfähigkeit ihren Ursprung.

Der Weg des Sich-frei-Fühlens ist grundlegend für eine Geisteshaltung, die dazu bestimmt ist, nicht nur anzuwenden, was sie kennt, sondern es auch zu riskieren, neue Wege des Wissens zu öffnen, wobei jedwede Sprache, sicher auch die der Juristen, „nicht als ein daliegender, in seinem Ganzen übersehbarer… Stoff angesehen werden" kann, „sondern als ein

---

32 Ebd., S. 391 (it. Übers. S. 380).

33 W. von Humboldt, *Über die Verschiedenheit des menschlichen Sprachbaus und ihren Einfluß auf die geistige Entwickelung des Menschengeschlechts*, S. 51.

34 Ebd., S. 61.

35 M. Buber, *Ekstatische Konfessionen*, Jena, 1909, S. V.

sich ewig erzeugender, angesehen werden“[36] muss, um so zu zeigen, dass die *angewandte Forschung* nicht von der Aufnahme der *reinen Forschung* getrennt werden kann.

Die angewandte Forschung wird in Richtung des Tuns unternommen; die reine Forschung in der Perspektive des Schöpfens.

‚Tun ist verständlich aber platt; Schöpfen ist groß und kann nicht verstanden werden‘[37]; natürlich lässt es sich nicht gemäß den Modellen der Naturwissenschaften behandeln, die, was das soziale Leben betrifft, um den *biologischen Gewinn* kreisen, der als die Wurzel des ökonomischen Gewinns erklärt wird.

---

[36] W. von Humboldt, *Über die Verschiedenheit des menschlichen Sprachbaus*, S. 55.

[37] F. Ebner, *Das Wort ist der Weg*, Wien-Freiburg-Basel, 1983.

II
Juristischer Agent und juristischer Patient

In den Untersuchungen von Hauser bedingen sich die beiden Fragen des Rechts und des Unterschieds zwischen den Menschen und den Tieren gegenseitig. Die Fragen zu einem derartigen Unterschied finden eine erste Beantwortung „in einer Unterscheidung, die oft zu den juristischen Diskussionen gehört: Dem Unterschied zwischen einem moralischen Agent und einem moralischen Patient". Dieser Unterschied wird folgendermaßen dargestellt: „Versteht und respektiert das Individuum die Rechte der anderen und übernimmt es die Verantwortung für seine eigenen Taten? Wenn die Antwort ja lautet, dann ist das Individuum ein moralischer Agent. Wenn die Antwort nein lautet, aber das Individuum darunter leiden kann, dann ist es ein moralischer Patient".

Der soeben besprochene Unterschied schliesst auch die Forderung nach einer genaueren Klärung ein, was einen *juristischen Agent* von einem *juristischen Patient* unterscheidet.

Der *juristische Agent* übt den Anspruch auf die eigenen Rechte vor dem überparteiischen Richter aus, während der *juristische Patient* nicht die Fähigkeit besitzt, eine solche Handlung durchzuführen. „Als die Philosophen, die Biologen und die Psychologen ihre Kräfte vereint haben, um die Charta der Rechte auf die Menschenaffen auszudehen... wurden sie gezwungen – fährt Hauser fort – zu erklären, dass diese Tiere einige grundlegende Rechte besitzen sollten, obwohl sie erkannten, dass jemand anders diese Rechte geltend machen musste"[38]; oder genauer gesagt, sie mussten auch betreffs der Menschenaffen feststellen, dass alle nicht-menschlichen Lebewesen *juristische Patienten* sind und keine *juristische Agenten*.

In den Analysen der Verwaltung der Justiz drückt die Unterscheidung zwischen *Agent* und *Patient* aus, was den *Menschen, der einen Rechtsanspruch hat* – den er geltend macht, indem er sich an einen Dritten, den überparteiischen und uneigennützigen Richter wendet – von den *Tieren, die unfähig sind, den Rechtsanspruch auszuüben,* unterscheidet, weil ihnen grundlegend der Wunsch nach Überparteilichkeit fehlt.

Selbst Hauser muss zugeben: Bei den nicht-menschlichen Tieren „fehlt das explizite Erkennen, warum es Regeln für die Kooperation gibt und warum es auf der Ebene der Gruppe ein Anerkennen und eine Teilnahme an diesen Regeln geben muss"[39]. Über die Thesen von Hauser hinaus kann man feststellen: Im Nicht-menschlichen gibt es keinen Wunsch nach Überparteilichkeit, der die Rechte der Menschen auszeichnet und bei den Rechten der Tiere fehlt.

---

38 M.D. HAUSER, *Moral Minds*, S. 414 (it. Übers. S. 404).
39 Ebd., S. 415 (it. Übers. S. 405).

Der Unterschied zwischen einem juristischen Agent und einem juristischen Patient wird wiederaufgenommen, um folgendermaßen geklärt zu werden: a) *juristischer Agent kann nur die zurechnungsfähige Person genannt werden, die bewusst ihre Freiheit ausübt, die anderen anzuerkennen oder auszuschliessen*; b) *juristischer Patient kann jede Anschuldigungsstelle sein*, die einen geschlossenen Bezugspunkt für eine Gesamtheit von funktionalen und un-subjektiven Handlungen bildet. Dabei wird angespielt auf die Handlungen, die bei den vielen Arten der Tiere den Erfolg des bei biologischen Prozessen eingesetzten Immunsystems gestatten.

Der von Hauser beschrittene Weg führt weiter zur Analyse dessen, was die normativen Fähigkeiten der Menschen auszeichnet. Auf diesem Weg wird es für nötig befunden, dasjenige, was als ausschließlich *nichtmenschlich* interpretiert werden kann, vorher von demjenigen, was die Menschen mit den Tieren gemein haben, abzuziehen. Von dem Resultat dieser Subtraktion, welche das Besondere des *Menschlichen* darstellt, muss man dann dasjenige abziehen, was nicht spezifisch zu der sogenannten normativen Fähigkeit gehört, damit man den exklusiven Bereich der menschlichen Normativität eingrenzen kann.

Die Vertiefung der spezifischen Struktur der menschlichen Normativität wird weiter erklärt, indem man die Analyse des Unterschieds zwischen den Menschen und den Tieren wieder aufnimmt, und daher zwischen den *Sozialwissenschaften* und den *Naturwissenschaften*.

Unsere Untersuchung fährt fort unter der Annahme, dass die vergleichenden Beobachtungen hinsichtlich des Verhaltens der Tiere und der Menschen einige Forscher der *biologischen Anthropologie* – unter ihnen auch Hauser – dazu führen, folgende Behauptungen aufzustellen: Auch „die geduldigsten Tiere warten nur wenige Sekunden lang, bevor sie die sofortige und geringere Belohnung annehmen. Die Menschen dagegen können Tage und auch Wochen warten, bevor sie der kleineren aber unmittelbaren Versuchung nachgeben".

Hauser findet eine Erklärung für diesen Unterschied durch Bezug auf die Konfiguration des „Frontallappens", der bei den Menschen, anders als bei den Tieren „wesentlich größer und architektonisch differenziert [ist]... und eine zentrale Rolle in der Affektkontrolle spielt". Diese besondere anatomisch-biologische Hirnregion des Frontallappens soll es auch ermöglichen zu erklären, warum die Menschen die einzigen Lebewesen sind, die neue Normen aufstellen. Hauser behauptet: Wir Menschen haben nicht nur die Fähigkeit, den Wunsch nach sofortiger Belohnung zu unterdrücken, sondern wir können auch unsere Fähigkeit zur Selbstkontrolle dazu benutzen, um früher gelernte Regeln zu blockieren, was es uns gestattet, neue soziale Normen festzulegen"[40], also andere Normen einzuführen, die sich mit der Zeit ändern.

---

40 Ebd., S. 412 (it. Übers. S. 402).

Das klassische Denken hat den Menschen eine radikal von den Tieren unterschiedene Position zugestanden; mit anderen Worten hat es festgelegt, dass nur bei den Menschen die Einführung eines zweiten Lebens beobachtet werden kann; nämlich das der juristischen Beziehungen, welches als *zweites Leben* beschrieben wird, weil es ein über das biologische hinaus gehendes Leben ist, das sich *geschichtlich* entwickelt und nie auf die *Evolution* reduziert werden kann. Aktuell tendiert man dazu, all das biologisch zu erklären; man meint behaupten zu können, dass nur die Menschen, weil sie einen größeren Frontallappen haben, der anders strukturiert ist, den Zugang zu einer sofortigen aber kleineren Befriedigung verzögern können, zugunsten einer größeren aber weiter entfernten Befriedigung. Die Menschen sollen die Fähigkeit haben, eine Verzögerung in den Lebensreaktionen zu erreichen, eine Haltung der Geduld, eine Affektkontrolle, an den Tag zu legen. Entsprechend diesem anatomisch-biologischen Unterschied wird also behauptet, dass die Menschen fähig sind, *zuerst* auch die Wiederholung von schon erworbenen normativen Verhaltensweisen zu verzögern und *dann* andere, neue aufzustellen. Die Menschen können, worin sie sich von dem Rest der Herdentiere unterscheiden, neue Normen in der Geschichte des Zusammenlebens aufstellen.

Indem sie die Verzögerung der Reaktionen durchführen, die schon memorisierten Handlungen nicht sofort wiederholen und als Folge neue Normen festlegen, zeigen die Menschen angeblich, dass sie *moralische und juristische Agenten* sein können und nicht nur *moralische und juristische Patienten*; sie zeigen also angeblich eine Initiative, die sie qualifiziert als die einzigen, die fähig sind, eine Subjektivität auszuüben, auch in dem Bereich der juristischen Subjektivität.

Die hier dem Agenten zugesprochene Struktur ist aber diejenige, die sich über die biologischen Erklärungen hinaus ausreichend darstellt und erklärt, indem man den Menschen als Subjekt des Wortes und der Sprache untersucht.

Der Sprecher bestätigt die „Untrennbarkeit des menschlichen und der menschlichen Sprache“: „Die Sprache liesse sich nicht erfinden, wenn nicht ihr Typus schon in dem menschlichen Verstande vorhanden wäre. Damit der Mensch nur ein einziges Wort wahrhaft nicht als blossen, sinnlichen Anstoss, sondern als artikulierten, einen Begriff bezeichnenden Laut verstehet, muss schon die Sprache ganz und im Zusammenhange in ihm liegen... [da] das erste Wort schon die ganze Sprache antönt und veraussetzt“[41].

Diese These von Humboldt bringt uns zur Überlegung, ob das Sprechen nach dem Interpretationsmodell eines gewissen Darwinismus einfach das Resultat einer biologischen Evolution sein kann. Wenn man erfasst hat, dass sobald das ‚erste Wort‘ erscheint, schon die ‚ganze Sprache‘

---

[41] Vgl. W. von Humboldt, *Über das vergleichende Sprachstudium in Beziehung auf die verschiedenen Epochen der Sprachentwiklung*, in: *Gesammelte Schriften*, S. 14-15.

vorhanden ist; so kann aber kein *gradueller Prozess* beschrieben werden, der der Evolution entspricht, sondern ein *Sprung*: vom Fehlen des Wortes zu seinem Vorhandensein.

In der Sprache manifestiert sich also kein Nervenimpuls, der mittels der Struktur eines behänden biologischen Mechanismus' den Menschen wie eine passiv erleidende Ganzheit beeinflusst, welcher sich somit als *Patient* erweist. Das Wort des Ichs artikuliert sich im Diskurs mit den anderen Sprechern und zeigt im Gegenteil die in dem Bewusstsein-Selbstbewusstsein verankerte handelnde Aktivität und weist also den Menschen als *Agent* aus.

Wenn wir innerhalb der Grenzen der Naturwissenschaften bleiben, die von einigen Forschern als sich selbst genügend angesehen werden, so kann gezeigt werden, dass „die Menschen, anders als irgendein anderes Tier, größere Unterschiede zwischen Gruppen zeigen. Nahestehende Gruppen können unterschiedliche Sprachen haben, unterschiedliche Dresscodes, Eheprinzipien, Regeln für die Bestrafung... [dagegen] sind bei den Tieren nahestehende Gruppen selten gleich, aber die Unterschiede können vernachlässigt werden"[42]. Das Vorhandensein von größeren Unterschieden zwischen den Gruppen von Menschen zeigt also angeblich eine „signifikante Variation zwischen den Gruppen von Menschen", die biologistisch als ein Zeichen interpretiert wird, „als eine Gelegenheit zur Wahl einer Gruppe"[43]. Die Wurzel von all dem liegt angeblich in der Fähigkeit, die der biologischen Beschaffenheit der Menschen zu eigen ist, die Reaktionen zu verzögern und also keine Normen bzw. schon erworbene biologische Handlungen zu wiederholen, sondern neue Normen aufzustellen.

Das Vorhandensein dieser Fähigkeit, die darin wurzelt, dass ‚die Exemplare der menschlichen Spezies' einen größeren und struktural unterschiedlichen Frontallappen haben, soll in den einzelnen Menschen zu einer Haltung führen, die sie dazu bringt als alleinige Protagonisten eines „Einfallsreichtums für kulturelle Erneuerung und Variation"[44] zu stehen; und daher auch als die einzigen Lebewesen, die fähig sind, Haltungen eines simplen Konformismus bei der Erhaltung der Art nicht ohne einen hypothetischen Blick zu wiederholen, fähig *sowohl* den Zweifel *als auch* das Nachdenken zu zeigen, das ihn im Dialog entstehen lässt.

In dieser anatomisch-biologischen Erklärung, die auch die Neurowissenschaften umschliesst, erscheint nichts von dem, was sich auf den Terminus *Freiheit* bezieht, der Vorbedingung für die *juristische Zurechnungsfähigkeit*. Es erscheint überhaupt nichts von dem Grund für die Auswahl der normativen Inhalte einer Gruppe von Menschen, im Unterschied zu einer anderen Gruppe von Menschen, es erscheint nichts über

42 M. D. Hauser, *Moral Minds*, S. 415 (it. Übers. S. 405).

43 Ebd., S. 416 (it. Übers. S. 406).

44 Ebd., S. 419 (it. Übers. S. 409).

die Qualität des Unterschieds zwischen einer Gruppe von Menschen, die als normatives Prinzip *das Recht des Stärkeren* setzt, und einer anderen Gruppe von Menschen, die stattdessen *das bedingungslose Recht jedes einzelnen Menschen anerkennt, als Mensch respektiert zu werden*, ohne Rücksicht auf den Vorteil für die Erhaltung und das Wachsen der Gruppe, zu der er gehört.

Die Untersuchungen einer gewissen *Evolutionsbiologie* und einer gewissen *biologischen Anthroplogie* – Disziplinen, die von Hauser natürlich gemäß den Modellen der Naturwissenschaften in Harvard unterrichtet wurden, – lassen an die Wichtigkeit dieses Zitats von Nietzsche denken: „*... meine Hauptthese: es existieren keine moralischen Phänomene, sondern nur eine moralische Interpretation dieser Phänomene. Diese Interpretation hat einen außermoralischen Ursprung*".

Hier erklärt Nietzsche: Es gibt weder moralische Phänomene, noch juristische Phänomene, sondern nur außermoralische und außerjuristische Interpretationen der Phänomene des Lebens; das sind ‚biologische Interpretationen', oder genauer gesagt, es sind nicht einmal Interpretationen, weil die biologischen Handlungen nicht interpretieren, sondern in ihrem Anpassungsverhalten ein einziges Gesetz wiederholen: die Ausübung der Kraft jener Lebensmodalität, die „mehr-ist" und über die anderen siegt.

„Bei aller Werthschätzung – fährt Nietzsche fort – handelt es sich um eine bestimmte Perspective: *Erhaltung* des Individuums, einer Gemeinde, einer Rasse, eines Staates, einer Kirche, eines Glaubens, einer Kultur – vermöge des Vergessens, dass es nur ein perspectives Schätzen giebt, wimmelt alles von widersprechenden Schätzungen und *folglich von widersprechenden Antrieben in Einem* Menschen. Dies ist der *Ausdruck der Erkrankung am Menschen*, im Gegegensatz zum Thiere, wo alle vorhandenen Instinkte ganz bestimmt genügen"[45].

Nach den Analysen von Nietzsche entstehen die menschlichen Konflikte, weil das Leben auch in jedem einzelnen Menschen dazu tendiert weiterzuleben, obwohl es die sogenannten ‚entgegengesetzten Impulse' zeigt, die bei den Tieren nicht vorhanden sind. Es wird aber behauptet, dass nicht alle Lebensformen der Menschen, nicht ‚gänzlich determinierter' Tiere, existieren können und in der gleichen Zeit auf der gleichen Welt andauern; ‚es gibt davon nicht genug', weder für das Entstehen aller Widersprüche noch für die Dauer der geteilten Umgebung. Unter den Menschen, die gegensätzliche Impulse verkörpern, entstehen also Konflikte, die abgeschlossen werden mit dem Fortdauern einiger Lebensformen, der biologisch überlegenen, und mit dem Erlöschen anderer, der unterlegenen[46].

---

[45] F. NIETZSCHE, *Nachgelassene Fragmente* in *Sämtliche Werke*, Bd. 11, S. 181.

[46] Vgl. F. MESS, *Nietzsche der Gesetzgeber*, Leipzig 1930, S. 119 ff.; G. CAPOGRASSI, *Opere*, VI, Mailand, 1959, S. 205-207.

Die Freiheit wird hier verstanden als ein Zustand der Krankheit, der sich in der Multiplizität der Impulse ausdrückt, die miteinander in Konflikt geraten. Das Überwinden einer derartigen pathologischen Konfliktsituation wird der sogenannten Gerechtigkeit/Justiz übertragen, die bei Nietzsche auch nach der Interpretation von Heidegger nicht in den Regeln der Überparteilichkeit besteht, die auf unbeteiligte Weise dem Handeln der Menschen vorsteht und es regelt. *Die Gerechtigkeit*/Justiz *wird zur Berechtigung des Willens zur Macht, die schon gewonnen hat,* so dass *das Recht sich mit dem Willen identifiziert, ein gegebenes Kräfteverhältnis zu verewigen, beschlossen von der Partei, die mit Erfolg die stärkere Kraft ausgeübt hat*[47]. Bei dieser Auffassung geht die Gerechtigkeit nicht dem Verhalten voraus oder reguliert es, sondern folgt und rechtfertigt den *biologischen Vorteil* eines Übermenschen, der ein „Jenseitsmensch" (it.: oltre-uomo) ist, weil er sich jenseits des Ichs befindet; er ist also das Nichts des Ichs, ein funktionaler Bezugspunkt für den ökonomischen Vorteil, der in der Herangehensweise der Bioökonomie verfolgt wird, ohne die Aspekte der Gerechtigkeit oder Ungerechtigkeit, Gesetzmäßigkeit oder Gesetzeswidrigkeit zu berücksichtigen.

Mit der *Verwandlung der Gerechtigkeit in Rechtfertigung* verwandelt sich das Gewissen des Juristen in ein *beobachtendes Gewissen,* in ein gleichgültiges und machtloses ‚wir werden sehen' vor der Macht der Partei, die sich als die stärkere erweist. *Das juristische Denken hätte nichts zu sagen über Gerechtigkeit oder Ungerechtigkeit.* Die Kunst des Urteils von dritter Seite, die die Subjektivität verpflichtet, überlässt ihre Stelle dem Funktionieren des Un-Subjektiven der biologischen Operationen, die wirtschaftliche Operationen zeugen, wie heute von der Bioökonomie gelehrt wird.

Der Jurist wird ein Normbiologe; er beobachtet das Geschehen der Gesetze, die den *biologischen Vorteil* begründen, der sich in den Modalitäten des *wirtschaftlichen Vorteils* manifestiert, der die gegenwärtige wirtschaftliche Globalisierung der sozialen Systeme kennzeichnet.

Die Analyse des biologischen Nutzens verlangt nach einer Behandlung durch die *Naturwissenschaften.* Die Bereiche der *Sozialwissenschaften,* welche die Handlungen der Menschen beschreiben und interpretieren und daher auch ihr Engagement in der *Sinnsuche* und dann in der *Errichtung eines Sinns,* in den unterschiedlichen Modalitäten einer juristischen Lehre vom Zusammenleben, werden nach und nach reduziert und eliminiert. In den außermenschlichen Bereichen des biologischen Vorteils liegt kein Ich vor, kein Selbst, kein freier Wille, der die Wahl eines und nicht eines anderen Zwecks zeigt; es bleiben die Operationen der biologischen Systeme, die beschrieben, analysiert und erklärt werden können gemäß den Methoden der *Naturwissenschaften,* die daran orientiert sind, die Bestätigung

---

47 Vgl. B. ROMANO, *Tecnica e giustizia nel pensiero di M. Heidegger,* Mailand, 1969, S. 119-130.

ihrer Kenntnisse durch experimentelle Reproduktion der Phänomene in den Laboratorien zu erhalten.

In den *sozialen Wissenschaften*, also auch in der Rechtswissenschaft, gibt es aber keine wissenschaftlichen Erklärungen, gibt es keine Reproduktionen der Phänomene in Laboratiorien. Unmöglich bleiben alle Versuche, ein Phänomen zu objektivieren und zu mathematisieren, oder es den Modellen der *bioökonomischen Zahlensprache* gemäß zu behandeln, die die Modelle der *diskursiven, ko-existenziellen Sprache* verdrängt.

Diese Betrachtungen über den Unterschied zwischen *Naturwissenschaften* und *Sozialwissenschaften* halten dazu an, den Kern der *reinen Forschung* zu erfassen, der darin liegt, Hypothesen aufzustellen, jene Wege zu verfolgen, die im dialogischen Verhältnis entstehen, das die Hypothesen ausbildet. Jede Form der Hypothesenbildung ist nämlich eine solche, wenn sich das hypothesenbildende Subjekt dessen bewusst ist, was nur dann passieren kann, wenn man sich bewusst wird, dass die eigenen Forschungsbemühungen wirklich Hypothesen sind. So wie die Hypothese ihm nur bestätigt werden kann, durch das Formulieren von *anderen Hypothesen*, bezüglich des gleichen Phänomens, formuliert *von anderen sprechenden Subjekten* in der Dialogizität der diskursiven und triadischen Sprache.

Der Einzelne, der in einem leeren ‚Solipsismus des Ichs' der dialogischen Diskursivität fremd bleibt, kann nicht einmal das Bewusstsein erlangen, der ‚*Agent*' dessen zu sein, was eine Hypothese ausbildet und bezeichnet, weil er sich nie mit den Hypothesen der anderen auseinandersetzen kann, sondern nur als ‚*Patient*' in einer Folge von Operationen lebt, die seinem naturalistischen, unpersönlichen Weiterleben angehören. Nur in dem Dialog, der sich in der diskursiven Sprache entwickelt, kann sich für jeden Sprecher die Gewissheit eröffnen, Subjekt der Hypothesen sein zu können und also Autor der *reinen Forschung*, welche durch diese entsteht.

Wenn man mit Folgerichtigkeit den festgefügten, unpersönlichen und gefühlsneutralen Mustern verhaftet bleibt, bleibt man dabei, die Menschen als *schlechtgeglückte Tiere* zu sehen, die „ihres Instinkts beraubt"[48] leben und daher immer „irgendeinem besonderen Adaptationsproblem"[49] ausgesetzt sind; beschäftigt mit Aktivitäten, die die anderen Lebewesen ausführen, ohne Rechtsfragen zu öffnen, ohne sich auf *diskursive Kommunikationen*[50] zu verlassen, die, anders als das Fließen der *biologischen Informationen*, den anderen im Dialog annehmen und ihm bei seinen verschiedenen Sinn-Hypothesen zuhören, die als Weltanschauungen vorgestellt werden.

Aus der alleinigen Sicht der grundlegenden Norm, bestehend aus dem Leben, das mehr Leben hat, schreibt Nietzsche: „man hat kein Recht,

---

48 E. BONCINELLI, *Il male. Storia naturale e sociale della sofferenza*, Mailand 2007, S. 188.

49 M.D. HAUSER, *Moral Minds*, S. 41 (it. Übers. S. 51).

50 Vgl. F. DE WAAL, *Der gute Affe. Der Ursprung von Recht und Unrecht bei Menschen und anderen Tieren*, München, 2000, S. 268-279.

weder auf Dasein, noch auf Arbeit... es steht mit dem einzelnen Menschen nicht anders als dem niedersten Wurm"[51].

Der Unterschied zwischen dem *dialogischen Kommunizieren der Menschen* und *dem biologischen Informieren der Tiere* verlangt es, sich zu fragen, ob der Ursprung der menschlichen Sprache nicht hauptsächlich darin liegt, *was die Information sagt*, sondern eher darin, *wie der Empfänger der Kommunikation behandelt wird*. Also im Respekt seiner Alterität oder wie die Kommunikation in einem sogenannten *egoistischen Altruismus* behandelt wird, einem bezeichnenden Ausdruck der Biologie, die jede dem *biologischen Vorteil* fremde Dimension ausgrenzt. Heute manifestiert sich dieses Maß in der globalisierenden Aufdringlichkeit des *merkantilen Vorteils*, der strukturiert wird durch die Aufnahme der biologischen Modelle der Tierkooperation, nützlich für die un-subjektive Fortführung eines ent-personifizierten Lebens.

Vom Menschen, dem einzigen Rechtssubjekt, bleibt tendenziell nur das Behandeltwerden als dasjenige Lebewesen übrig, das als ein ‚mit einem Preis ausgezeichneter' Konsument angesehen wird, weil es in der großen Marktberechnung vorkalkulierbar ist. Diese wird von einigen Gruppen von Menschen oder Ländern dominiert, die den Rest der Menschheit ausschließen und benutzen, die als *Weniger-sein* angesehen wird, weil sie über ein *Weniger-haben* verfügen.

Die sich als Bioökonomie darstellende Wirtschaft enthüllt ihre Wurzeln in der Biologie; sie wird aufgebaut gemäß den Mustern der Naturwissenschaften. Die sozialen Wissenschaften, besser gesagt die *Künste* – des Rechts, der Politik usw. – werden nach und nach verdunkelt und in nebensächliche und instrumentale Regionen der bioökonomischen Ordnung verwandelt.

Die Lektüre der Beiträge von Hauser, hier diskutiert gemäß einer Auswahl von für die Klärung des Rechts als grundlegend angesehenen Themen, wird auch von den im Buch von Boncinelli *Il male*[52] vorgestellten Analysen erfordert. Was das Werk dieser beiden Forscher verbindet, ist der Bezug der Fragen nach Gut und Böse – also auch nach Gerecht und Ungerecht, nach dem Respekt oder der Verletzung der Legalität – auf eine ‚wissenschaftliche' Rekonstruktion der Naturgeschichte der menschlichen Lebensbedingungen. Das Studium der biologischen Systeme wird zur Klärung der verschiedenen Orientierungsweisen vorgezogen, die die Menschen sowohl der Qualität ihrer Existenz als auch den sozialen Strukturen ihres Zusammenlebens geben können, die aber noch heute unvermeidlich von den juristischen Institutionen geregelt werden, in der einzig logisch-formalen Struktur ihrer konstitutiven Überparteilichkeit.

---

51 F. NIETZSCHE, *Nachgelassene Fragmente*, in *Sämtliche Werke*, Bd. 13, S. 98.

52 E. BONCINELLI, *Il male. Storia naturale e sociale della sofferenza*.

Das Modell der *Naturwissenschaften* tendiert dazu, von den *Sozialwissenschaften* übernommen zu werden, so auch in den sogenannten *juristischen Wissenschaften.*

Die Naturwissenschaften sehen den Menschen als ein ‚Ich, das ist'; die Sozialwissenschaften als ein ‚Ich, das ich bin'.

Der Jurist, der nach der Naturwissenschaft ausgebildet wird, die stark an der Beherrschung der vom Markt gewollten *angewandten Forschung* orientiert ist, endet damit, den Menschen gemäß dem Modell des ‚Ich, das ist' zu behandeln und also dem Modell der Objekte; er nähert sich ihm nicht nach dem Modell des ‚Ich, das ich bin', oder der Ausübung der Subjektivität, die sich in den Sinnfragen manifestiert, welche die grundlegenden Hypothesen der *reinen Forschung* bedingen.

Ausgebildet in den Gefilden der angewandten Forschung kann der Jurist keine Menschen sondern nur Objekte treffen, besser gesagt, er behandelt die menschlichen Subjekte wie Elemente des Funktionierens des wirtschaftlichen Vorteils, der sich im biologischen Vorteil manifestiert.

Der Mensch wird animalisiert, um den Techniken der Bioökonomie wirksam zu dienen, die selbst das Recht als Instrument des Marktes interpretieren.

„Die Satzform ‚Das Ich ist' besagt gar nichts, die Form ‚Ich bin' alles, was in diesem Satz und Wort nur gemeint sein kann... das Ich ist keine Sache – Objekt –... sondern das aller Objektivierung spottende ‚Subjekt' des geistigen Seins im Menschen"[53], die in den verschiedenen Richtungen der vielzähligen Naturwissenschaften praktiziert wird, welche meinen, den Menschen antreffen zu können, um ihn zu erklären. Sie können ihn nur als *Patient* antreffen, aber nicht als *Agent,* als der er seine Besonderheit in der Ausübung des Wortes und der Sprache manifestiert, als Diskurs artikuliert und nicht erklärbar als Objekt der Naturwissenschaften.

Der Weg, der den Juristen bildet und der es ihm ermöglicht den Menschen als Agent anzutreffen, und also als juristisches Subjekt, das in einem Prozess zurechnungsfähig ist, entsteht aus der Annäherung an den Einzelnen in dem Zusammenhang, der erfasst, wie das *Wort* in dem *Selbstbewusstsein* verankert ist und sich in der *diskursiven Beziehung* zwischen den Selbstbewusstsein klärt. Wort und Selbstbewusstsein bilden das ‚*Ich bin*' und zeigen die Ungenügendheit jeder Beschreibung des Menschen in der unpersönlichen Formel des ‚Ich ist', die gemäß den Methoden der Naturwissenschaften auf eine Objektivierung des Selbst abzielt, die heute ihr Zentrum in dem *biologischen Vorteil* manifestieren, der den ökonomischen Vorteil bedingt, wie die Theoretiker der Bioökonomie darlegen.

Die Unterscheidung zwischen den beiden Interpretationen des Ichs zeigt, dass man den Menschen objektiviert, wenn man ihn aus der Perspektive des ‚*Ich ist*' betrachtet; wenn man ihn aus der Perspektive des ‚*Ich bin*' betrachtet, dann erkennt man ihn, so wie er sich jedem in den Naturwissenschaften praktizierten Wissen verweigert. In der ersten Herangehensweise

---

53 F. Ebner, *Das Wort und die geistigen Realitäten: pneumatologische Fragmente*, S. 118.

erweist sich der Mensch als Agent – *Subjekt des Rechts* – in der zweiten als Patient – *Objekt der Normen* – oder als unbefugt, den Willensakt der Wahl zu treffen und auch juristisch dafür verantwortlich zu sein.

Die *reine Forschung* gehört sicher auch zu den Naturwissenschaften, hat aber ihren Ursprung in der Dimension des Menschen, die nicht von den Naturwissenschaften behandelt werden kann; sie hat ihren Ursprung im ‚Ich, der ich bin', in der Vorstellung des Menschen als Ausgangspunkt der Handlung, fähig zu einer Sinnsuche, die in dem mit anderen geteilten Text der Welt geschrieben ist.

Die Sinnsuche besteht aus den *Sinn-Hypothesen*, die sowohl der Ursprung der *reinen Forschung* als auch der Bewertungsmaßstab der *angewandten Forschung* sind.

III
‚Gesetz des Textes' und ‚Text des Gesetzes'

Auf dem von Hauser eingeschlagenen Weg wird das Böse und das Ungerechte mittels eines Vergleichs zwischen Menschen und Tieren besprochen. Nach einigen Modellen, die sich von den Theorien von Darwin abgeleiten, werden die *biologischen* und die *sozialen Systeme* nach einer ausschließlich *graduellen* und nicht nach einer *qualitativen* Differenz unterschieden.

Die Perspektive von Buber ist davon verschieden; sie zeigt: „in der modernen Biologie wird von der Umwelt eines Tiers gesprochen, worunter die gesamte seinen Sinnen zugängliche Gegenständlichkeit verstanden wird, wie sie durch die ihm eigentümlichen Lebesnsumstände bedingt ist. Ein Tier ... nimmt nur die Dinge wahr, die es in seiner ihm vorgegebenen Gesamtsituation angehen"[54], in seiner *Lebenswelt*, und bleibt immer ohne eine *Welt*[55], die dagegen die dem Menschen und seinen Institutionen ausschließlich eigene Dimension bildet.

Die Umgebung der Tiere nährt „die Dynamik der Präsenzen, die durch das leibliche Gedächtnis in dem Maße miteinander verbunden sind, als es die zu leistenden Lebensfunktionen erfordern", der Mensch dagegen „greift gewaltigen Schwungs über das ihm Gegebene hinaus, überfliegt den Horizont und... faßt nun ein Ganzes. Mit ihm, mit seinem Menschsein gibt es eine Welt"[56].

Die Unterscheidung zwischen dem Leben der Tiere, das in einer *Umgebung* stattfindet, und der Existenz der Menschen, die in einer *Welt* gewählt wird, wirft die Frage auf, ob das Phänomen des Rechts auch in einer Lebensumgebung möglich wäre oder ob es dagegen seinen Ursprung allein in der Unterscheidung zwischen Welt und Umgebung hat. Diese Frage ist verbunden mit der Fragestellung, ob die *reine Forschung* auch von anderen Lebewesen und in den Grenzen ihrer *Umgebung* unternommen werden kann, oder ob sie ausschließlich mit den Menschen entsteht, die in der *Welt* existieren. Daraus folgt die nächste und hier zentrale Frage, welche die Fähigkeit der Jurisprudenz betrifft und insbesondere die Beziehung zwischen dem *Studium des Rechts,* der *reinen Forschung* und der *angewandten Forschung.*

Die Antworten auf diese Fragen beginnen bei der Beschreibung dessen, was die Grenze zwischen *Umgebung* und *Welt* bezeichnet.

---

54 M. Buber, *Urdistanz und Beziehung*, in: *Werke*, Erster Band, *Schriften zur Philosophie*, München, 1962, S. 412.

55 Vgl. M. Heidegger, *Sein und Zeit*, Tübingen, [12]1972, §§ 14-18.

56 M. Buber, *Urdistanz und Beziehung*, S. 413.

Wenn sich die konstitutiven Elemente der Welt zu zeigen beginnen, manifestiert sich die Besonderheit des Menschen, der natürlich in einer *ersten, einfachen Gegenwart* lebt, mit den Elementen, die seine biologische Umgebung bilden und der aber auch, anders als die Tiere, in einer *zweiten, doppelten Gegenwart* existiert, die sich auf die erste bezieht und sich von dieser absetzt, sich Zeit nimmt im Öffnen einer Pause, die die Suche nach dem Sinn bildet. Es ist eine *Pause*, die nicht auf eine *Leere* zwischen den aufeinanderfolgenden physiologischen Phasen einer Gesamtheit von Lebensoperationen reduzierbar ist, weil von ihr eine Sinnsuche ausgeht, die immer die a-subjektive Funktionalität der biologischen Systeme übertrifft.

Es wird nochmals unterstrichen, dass der Anfang der *Sinnsuche* an die ausschließlich menschliche Fähigkeit *Hypothesen zu bilden* gebunden ist, also an die Fähigkeit, die konstituierenden Elemente der *reinen Forschung* zur Anwendung zu bringen, die sich in jeder ihrer Erscheinungsformen als ausarbeitendes Nachdenken über eine Hypothese manifestiert.

Anders als die Menschen bilden Tiere keine Hypothesen und führen nichts aus, was der Struktur der reinen Forschung zugeschrieben werden könnte; sie befolgen die Gesetze ihrer Spezies, wenden sie mittels unpersönlicher, in Anpassung gelernter Verhaltensweisen an, aber sie engagieren sich nie in der reinen Forschung.

In den juristischen Fakultäten nimmt die reine Forschung ständig die Verbindung auf, die den einzelnen Menschen, die Qualität seines Zusammenlebens und die sich immer in Ausbildung befindende Geschichtlichkeit der juristischen Normen verbindet, die begründet sind jenseits des biologischen Lebens, im zweiten Leben.

Anders als bei den nicht-menschlichen Lebewesen, lässt ein wirksames Funktionieren der Lebensfunktionen die Frage ‚was passiert mit meinem Ich' nicht ruhen; das *Bedürfnis nach Sinn* erlöscht nicht während meines Lebens in der Ausbildung einer *Welt*, die über die *Umgebung* hinausgeht, wo auf eine a-subjektive Weise irgendeine Form des Lebens fortdauert.

In den zwischenmenschlichen Beziehungen ist das Bedürfnis nach Sinn auch das Bedürfnis nach Überparteilichkeit, da es das Bedürfnis ist, das sich in der dialogischen Kommunikation entwickelt, im Bewusstsein: a) der grundlegenden Multiplizität der Hypothesen der anderen für die bewusste Formulierung meiner Hypothese, und b) der Notwendigkeit, dass sich die Kommunikation im Diskurs entfaltet, welcher der dritte Ort ist, Szenarium der Sinnfindung, die nicht von der Gewalt eines einzelnen, der die anderen ausschließt, beeinflusst wird.

Buber bemerkt: „der abgerückte, der nackten Präsenz enthobene, dem Getriebe der Bedürfnisse und Nöte halbwegs entzogene, der distanzierte und damit sich selber übergebene Bereich, mehr und anders als Bereich… ist Welt"[57], vom Menschen bewohnt.

---

57 Ebd., S. 413.

Bei Nietzsche ist der Mensch ein an den Widersprüchen seiner Impulse, die bilden, was im klassischen Denken als Freiheit verstanden worden wäre, ‚erkranktes' Tier. Über die Thesen von Nietzsche hinaus unterscheidet sich der Mensch vom Rest der Lebewesen, weil er außer zu *wissen*, was bei der Fortführung des Lebens passiert, sich auch *vorstellt*, was sich in seinen freien Hypothesen bildet, die immer auf eine *Welt* hin orientiert sind, und daher auf eine niemals endgültig erreichbare Einheit von *Kenntnis des schon gebildeten Sinns* und *Forschung, die einen sich ausbildenden Sinn als Hypothese aufstellt.*

Das ständige gleichzeitige Sich-trennen und Verbinden des schon in den Dingen *eingeschriebenen Sinns* und der *Suche nach einer neuen Sinninschrift* ist den Menschen zu eigen und zeigt den Unterschied der Art, auf welche die Dinge in der menschlichen *Welt* behandelt werden, gegenüber der Art, wie die Dinge in der tierischen *Umgebung* konsumiert werden.

„Auch das Tier verwendet Dinge. Ja, gerade bei Tieren können wir das Verwenden im genauen Sinn beobachten, wenn sie ein Ding, auf das sie stoßen, um und um wenden, bis sie auf die Möglichkeit geraten, es zur Erreichung eines bestimmten, vorgefaßten oder jetzt eben aufsteigenden Zwecks zu verwenden... Affen verwenden einen gefundenen Stock,... einen gefundenen Stein, um Nüsse aufzuklopfen; aber sie stellen keins dieser für den Augenblick zu Gerät gewordenen Dinge beiseit,... die Dinge sind jeweils im Bereich zu handeln, bekommen aber nie ihren Platz in einer Welt".

Typisch für die Menschen ist, was typisch ist für die Technik und von Buber bei der Herstellung eines Werkzeugs beschrieben wird. Also was über die unmittelbaren Bedürfnisse der Lebenserhaltung hinaus geht, „dass ein Wesen Vorgefundenes von sich absetzt und es in ein Fürsichsein stellt, darin es aber, das zu Werkzeug Gewordene, stets wiedergefunden, und zwar als eben dieses, eben diese Arbeit auszuführen Bereites wiedergefunden werden kann"[58], es wird so in einem *Begriff* definiert, der es unabhängig von seinem Gebrauch oder Nicht-Gebrauch hier und jetzt benennt, entsprechend einem Lebensbedürfnis.

Auch das elementarste Werkzeug ist das Resultat einer freien Hypothese, die sich nicht darauf beschränkt, *ein unmittelbares Bedürfnis zu befriedigen,* sondern an der ausschließlich menschlichen Fähigkeit teilnimmt, *Hypothesen aufzustellen* und dabei den Weg zu gehen, der für die reine Forschung typisch ist.

Der Mensch schreibt den Dingen einen Sinn zu, gibt ihnen eine Form, die dazu bestimmt ist, sie für einen bestimmten Zweck zu benutzen. Der so zugeschriebene Sinn verselbständigt sich über das einzelne *Objekt* hinaus und wird zum *Begriff,* wodurch in der diskursiven Kommunikation der Menschen und also im Dialog ein zugeschriebener Sinn an andere Adressaten gerichtet wird und eine Transformation der Werkzeuge erreicht wird, ein Wachsen und eine Geschichte der Macht der Technik, die sicher

[58] Ebd., S. 416-417.

unvermeidbar dem Risiko der Freiheit der Menschen, die sie verwenden, ausgesetzt ist.

Indem sie sich von den anderen Lebewesen unterscheiden, verwandeln die Menschen nicht nur die Gegenstände und weisen ihnen einen bestimmten Verwendungszweck zu, sondern schaffen den Markt durch Produktion des Konsums; auch hier erarbeiten und verändern sie einen zuerst zu einem bestimmten Zweck eingeschriebenen Sinn, der dann anders konfiguriert wird.

Bei den bezeichneten Aktivitäten der *reinen Forschung* öffnen sich mögliche Hypothesen, die nicht in Bezug auf determinierte Verwendungszwecke vorweggenommen werden können, die dann von der *angewandten Forschung* angenommen werden.

Die *nicht-menschlichen Lebewesen* gehen von ihren Lebensbedürfnissen aus, verursachen Veränderungen in den Objekten und beschränken sich auf deren Verwendung, die die biologischen Bedürfnisse sättigt. *Die Tiere konsumieren, produzieren aber keinen Konsum,* sie arbeiten nicht für den Aufbau und den schnellen Verschleiß der verschiedenartigen Figuren der Konsumenten, die heutzutage auf negative Weise im Zentrum der Werbung stehen, die, auch in ihrer negativen Wirkung, nur zur Welt der Menschen gehören kann. Die Tiere haben weder Stilisten noch Werbefachleute.

Die *Menschen* dagegen gehen von dem Sinn aus, den sie den Objekten schon zugeschrieben haben; sie verwandeln den *vorgefundenen Sinn* und aktivieren einen *sich in der Ausbildung befindlichen Sinn*, der ein neues Werkzeug und neue Techniken in der niemals abgeschlossenen Konstruktion der Welt, dem Gebiet der Technik *und* der Kunst, ermöglicht.

Die Menschen sind Autoren, Subjekte der Geschichte der einfachen Werkzeuge und der komplizierten Technik. Die Tiere sind die Objekte eines Lebens ohne Autoren und ohne Geschichte; sie sind ‚*Patienten*', keine ‚*Agenten*', haben *biologische Gesetze*, stellen aber keine *juristischen Normen* auf, konsumieren, konstruieren aber keinen Markt und keine Sprache, die den Markt antreibt: die Sprache der Preise[59], nach den *unterschiedlichen Währungen* differenziert, parallel zu den *unterschiedlichen Sprachen.*

Die von den hypothesenbildenden Menschen unternommen Forschungsaktivitäten sind von ihrer Struktur aus nicht auf das einzige Bedürfnis des biologischen Vorteils beschränkt, sondern sie gehen darüber hinaus und ziehen gegenüber dem *Gebrauch eines schon entdeckten Sinns*, der Langeweile und Wiederholung produziert, den *zu entdeckenden Sinn* vor.

Hier zeigt sich die Tragweite des Unterschieds zwischen *reiner Forschung* und *angewandter Forschung.* Mit dem Begriff der *reinen Forschung* oder ‚Grundlagenforschung' wird die Gesamtheit jener Aktivitäten bezeichnet, die nicht von einer Notwendigkeit zum Überleben ausgehen, die mit der Unmittelbarkeit eines Bedürfnisses erlebt wird, sondern die

---

59 Vgl. N. LUHMANN, *Die Wirtschaft der Gesellschaft*, Frankfurt am Main, 1994, 1, IX (it. Übers. *Mercato e diritto*, Turin, 2007, S. 37 ff.).

sich anschicken, Licht auf ein mögliches neues Wissen zu werfen, das noch nicht durch eine definierte Anwendbarkeit begrenzt wird, die dagegen bezeichnend ist für die *angewandte Forschung.*

Was die Fakultät der Jurisprudenz betrifft, erleuchtet die *reine Forschung* ständig die unerschöpfliche Klärung der Fragen, anfänglicher und immer wiederkehrender Art, die die geschichtlichen Formen des *Bezugs zwischen den Menschen, dem Recht und der Qualität der zwischenmenschlichen Beziehungen* zum Gegenstand haben. Ohne diese Art von Forschung zeugt man eine Zukunft, in der die mechanistische Herrschaft der *angewandten Forschung* wächst, die von *Normtechnikern* ausgeführt wird, denen die besondere Ausbildung der *Kunst des Juristen*[60] vorenthalten wurde.

Der zirkuläre Zusammenhang zwischen Mensch, Recht und Qualität der intersubjektiven Beziehungen ist also das wieder aufblühende Gelände der reinen Forschung, bezeichnend auch für die Fakultät der Rechtswissenschaften, und besteht in der konstant interpretierten Wiederaufnahme der *anthropologischen Entstehung des Rechts*. Hier ist nicht die *tatsächliche Entstehung* gemeint, sondern es wird ausgegangen von der Untersuchung des als einzig sprachbegabtem Wesen verstandenen Menschen, der sich also radikal von den Tieren unterscheidet, die weder Subjektivität noch Sprache noch juristische Ansprüche ausüben, die dem überparteiischen Richter mittels der Verfahrenssprache mitgeteilt werden.

Diese Behauptungen erfahren eine Diskussion, wenn man die Thesen von Lacan wiederliest: „Das Gesetz des Textes ist der Text des Gesetzes"[61].

Über die Argumente von Lacan hinaus soll hier klargestellt werden, dass die beiden Teile dieser These jeweils den anderen mitbedingen, da ihr Sinn in der konkreten Fülle der *kommunikativen Beziehungen* liegt, die mit ihnen entstehen und die Menschen von den Tiere trennen, die auf die *informativen Beziehungen* begrenzt bleiben, die dem biologischen Vorteil der verschiedenen Arten der Lebewesen dienen.

Das *Gesetz des Textes* – erster Teil der These von Lacan – bildet das Prinzip, das den Raum der *reinen Forschung* begründet; es nennt das Schaffen des *Textes* im Allgemeinen[62] und daher nicht nur des Normtextes, sondern jedes Konkretisieren der hypothesenbildenden Kommunikation im Fortdauern eines ‚Textes', der das Beziehungsgewebe in der Diskursivität der Menschen bildet und in die vielzähligen sozialen Systeme und Institutionen, die es strukturieren, differenziert ist.

Die Klärung dessen, was man unter dem Begriff ‚Text' versteht, kommt auch aus den Untersuchungen Humboldts zur Sprache, genauer aus der Auffassung, dass „die folgenden Generationen die Sprache der Generationen der Vergangenheit erben"; daraus folgt, dass „der von der

---

60 Vgl. mein *Scienza giuridica senza giurista. Il nichilismo 'perfetto'*, Turin, 2006.

61 J. LACAN, *Das Seminar, Buch V: Die Bildungen des Unbewussten*, Wien 2006, S. 146; vgl. mein *La legge del testo, Coalescenza di logos e nomos*, Turin, 1999; *Filosofia del diritto*, Rom – Bari, 2002, S. 166-177.

62 Vgl. P. LEGENDRE, *Della società come testo*, Turin, 2005.

Sprache konditionierte Mensch aber auch eine Rückwirkung auf diese ausübt". Jede Sprache konsolidiert sich und dauert in der Folge der aufeinanderfolgenden Generationen von Sprechern an, die sich immer in dem Gewebe eines ‚Textes' befinden, der sich aufbaut aus diesem ständigen Präsentieren *sowohl* einer klaren Weltsicht, *als auch* gleichzeitig einer Verwandlung in eine neue, andere Sicht, die in dem kreativen Rückbezug der Subjekte einer Sprache auf die Vergangenheit der Sprecher entsteht und ausgedrückt wird.

Genau aus dieser Perspektive bemerkt Humboldt: „... leuchtet es klar ein, dass die Sprachen nicht eigentlich Mittel sind, die schon erkannte Wahrheit darzustellen, sondern weit mehr, die vorher unerkannte zu entdecken. Ihre Verschiedenheit ist nicht eine von Schällen und Zeichen, sondern eine Verschiedenheit der Weltansichen selbst"[63].

Nach den Thesen von Humboldt und soweit es das Recht betrifft, beginnt und orientiert das ‚*Gesetz des Textes*' die *reine Forschung* über die Qualität der dialogischen Beziehungen zwischen den sprechenden Subjekten, die niemals auf ein vollständiges Wissen beschränkt werden können. ‚Das Gesetz des Textes' hat seinen Kern in der Dreidimensionalität oder im *Sagen eines Menschen zu einem anderen Menschen in einem dritten Raum,* der, weil er das nicht vorhersagbare Gelände des Fragens-Antwortens ist, niemals von *jemandem* beherrscht werden kann und stattdessen *allen* das Recht garantiert, das Wort zu ergreifen und angehört zu werden.

Das ‚Gesetz des Textes' hat niemals eine endgültig erreichte Realität in einer letzten Konfiguration, sondern es bildet sich ständig neu in der Geschichte, kommuniziert kein *totales Wissen*, sondern bleibt im *partialen Wissen.*

Der ‚*Text des Gesetzes*' – zweiter Teil der These von Lacan – konstituiert, unter expliziter Berücksichtigung des Rechts, die Äußerungen der Normen, präsentiert die historischen Inhalte jedes Normsystems. Der ‚Text des Gesetzes' wird erkannt als dazu bestimmt, sich zu konkretisieren, gehört also zur *angewandten Forschung.*

Die *reine Forschung*, beschrieben als immer wiederkehrende Klärung des ‚Gesetzes des Textes', ist nicht ersetzbar durch die *angewandte Forschung,* die sich darin erschöpft, den ‚Text des Gesetzes' maschinell zu bearbeiten.

Wenn man die These von Lacan in ihrer Gesamtheit wiederliest, dann ist ‚das Gesetz des Textes der Text des Gesetzes'; das bedeutet: *Das Gesetz des Textes* konstituiert die *Entstehung* des *Textes des Gesetzes*, der dagegen seine *Anwendung* ist.

In den Fakultäten der Jurisprudenz bedingen die Verdunkelung und das Erlöschen der reinen Forschung das Übrigbleiben der alleinigen *Anwendung des Rechts*, das nicht durch die *Entstehung des Rechts* erleuchtet wird. Hier wird nicht Bezug genommen auf die *tatsächliche Entstehung,*

---

63 W. von Humboldt, *Über das vergleichende Sprachstudium in Beziehung auf die verschiedenen Epochen der Sprachentwiklung*, S. 27.

sondern auf die *anthropologische Entstehung*, die es ermöglicht, die besondere Differenzierung des Phänomens des Rechts zu zeigen, *sowohl* in seinem nur auf die Menschen beschränkten Erscheinen, den einzigen Subjekten der kommunikativen Beziehung, *als auch* in seiner Spezifizität hinsichtlich der anderen Phänomene der sozialen Systeme: Politik, Wirtschaft usw.

Mit dem Ausdruck ‚Gesetz des Textes' soll der regulierende und nicht verfügbare Kern der Kommunikation eines Sinns bezeichnet werden, Ausgangspunkt jeder Art von diskursiven Beziehungen, in einer nicht informationsbezogenen sondern dialogischen Sprache, die daher sowohl den Autor des Wortes verpflichtet als auch den Empfänger. Beide sind der Freiheit ausgesetzt, die aus den entgegengesetzen Wegen des Respekts oder der Verletzung dieses ursprünglichen Gesetzes entsteht. In den Beziehungen, die zwischen den Menschen entstehen, entlang der unerschöpflichen Verkettung der Ringe, die aus den Fragen und den Antworten bestehen, kommt immer das Wort in seiner vielfältigen Verfassung ins Spiel, also in seinem Geäußertwerden von einer einzelnen Person zu anderen Personen, sodass jedesmal bewusst wird, dass das, was man sagt, in Erwartung des Gehörtwerdens und der originellen Hypothesen des anderen geschieht, über jedwede bio-mechanische Durchführungsoperation hinaus.

Wenn diese vielseitige und vielsinnige Dimension des Wortes verdunkelt wird, dann entfallen die Dimensionen des Zuhörens und der Aufnahme. Im Juristen erlöscht die *Kunst der Hermeneutik* und es verbleibt das *tote Wort der Normen*, das so genannt wird, weil es das Leben verliert, das kontinuierlich genährt wird, dadurch dass das Wort zum Gehörtwerden und zur Interpretation durch die anderen Personen bestimmt ist. Wenn das so beschriebene Leben des ‚*Gesetzes des Textes*' stehen bleibt, dann gibt es nur noch den ‚*Text des Gesetzes*', der ein erlöschter Text ist, weil er nur in dem Gebrauch funktioniert, der replizierend und unpersönlich geworden ist, funktionierend in seiner Distanz zur Qualität des Zusammenlebens und also zur dialogischen und kreativen Struktur der Welt, die dem Wiederaufnehmen des ‚Gesetzes des Textes' eigen ist.

Im Recht lässt die *angewandte Forschung*, die des ständigen Neubeginns mit der *reinen Forschung* entbehrt, den ‚*Text des Gesetzes*' übrig, der so eine Autonomie erreicht, diejenige eines vermeintlich *schon gebildeten Sinns*, gegenüber einem *sich immer ausbildenden Sinn* des ‚*Gesetzes des Textes*'. Diese Autonomie beraubt ihn des Lebens der koexistierenden Welt, macht ihn undifferenziert bereit zu jedem Gebrauch und einer Anwendung in jeder Richtung, raubt ihm so seinen Sinn, weil sie ihn zwingt zu einer *Gleichgültigkeit ohne Sinn*, zwischen der Gewalt und dem Respekt, zwischen dem Ausschluss und der Anerkennung, zwischen der Strafe als Weg zur Wiedereingliederung in die Gesellschaft und der Todesstrafe.

Hier passiert das, was man beispielhaft in der Übersetzung eines Textes beobachten kann[64]. Es öffnen sich zwei Alternativen. Die *erste* sucht

---

64 Vgl. G. Reale/D. Antiseri, *Quale ragione?* Mailand, 2001, S. 183-191.

den Sinn in dem zu übersetzenden Text, klärt sein Gewachsensein nach dem ‚Gesetz des Textes', das die dialogische Relation mit den anderen in sich birgt; man hat gewiss das Bewusstsein, dass daher die Treue zum Text auch die Interpretation, die hermeneutische Kunst, umschliesst, die niemals auf die Modelle einer sogenannten exakten Wissenschft reduzierbar ist. Die *zweite* der Alternativen sucht nicht den Sinn, um ihn in einer anderen Sprache mitzuteilen; sie kümmert sich nicht um die Entstehung des Textes und behandelt ihn mit einer toten Objektivität; sie meint, ihn in seiner vorgeblichen Autonomie antreffen zu können, losgerissen von seiner dialogischen Entstehung und verzerrt ihn, macht ihn zu einem toten Gebilde, unternimmt das, was passiert, wenn man die verrückte Idee verfolgt, ein Gedicht mit Zahlen schreiben zu wollen, anstatt mit Worten.

Was bei dieser Studie mit Fokus auf dem juristischen Zusammenleben die Beziehung zwischen dem ‚Gesetz des Textes' und dem ‚Text des Gesetzes' betrifft, so soll gezeigt werden, dass der ‚Text des Gesetzes' eine absolute Selbstständigkeit erlangen kann, das heißt, er kann komplett von seiner Wurzel losgelöst sein, die darin besteht, ursprünglich das ‚Gesetz des Textes' anzunehmen. Wenn das geschieht, dann hat man einen *Text*, der sich durch eine totale Loslösung von seiner Entstehung in ein *zu benützendes Material* verwandelt hat, zu einer Menge von außermenschlichen linguistischen Elementen geworden ist, weil er des Lebens im Dialog beraubt worden ist, das ihm durch die kontinuierliche und unerschöpfliche Wiederaufnahme seiner diskursiven und hypothesenbildenden Entstehung verliehen wurde. Das Modell der *angewandten Forschung* hat das der *reinen Forschung* entleert und das soeben beschriebene Ergebnis produziert: Man hat einen in seiner vermeintlichen Autoreferentialität eingeschlossenen Text, der sich demjenigen, der auf ihn trifft und ihn interpretiert, nicht öffnet.

Bei der Bestätigung des Unterschieds, qualitativer und gradueller Art, zwischen den Tieren und den Menschen, also zwischen den Naturwissenschaften und den Geisteswissenschaften, kommt man wieder auf die Untersuchungen von Humboldt zurück, die dazu einladen, darüber nachzudenken, wie der Mensch von seiner Sprache *konditioniert* wird, aber auf ursprüngliche Art *in uneingeschränktem Maß* wiederum die Sprache beeinflusst, wobei er ihr einen neuen Sinn gibt. Es wird ständig bestätigt, dass jeder in der Struktur einer Sprache gegebene Text, für die Sprecher eine *schon vorgegebene Bedingung* darstellt; von hier aus bewegt sich jeder einzelne Mensch und arbeitet an der Entstehung einer *zu gebenden Bedingung*, die geschaffen wird aus der freien und hypothesenbildenden Struktur jedes Wortes, das kreativ mehr als seine Aussage sagt.

Was der Mensch im Grund in die Sprache einfließen lässt, ist es, sich selbst auszudrücken, während er dem anderen zuhört. Alle Sprecher äußern sich nach dem ‚Gesetz des Textes', das heißt gemäß der dreifachen Struktur der Kommunikation zwischen den Subjekten im Dialog.

Jede einzelne Sprache strukturiert das Recht, weil in ihr die Wörter in normative Aussagen gesetzt werden, die in einem ‚Text des Gesetzes' stehen, der aber nie ein Leben hat, das nicht dasjenige des von dem ‚Gesetz des Textes' genährte und gemessene ist, das immer daran orientiert ist, die tote Steifheit der Äußerungen zu überwinden, sie zu benützen, wo die Normen andere Normen betreffen würden. Auf diesem Weg verliert sich das Bewusstsein darüber, dass *die Normen nur durch die Menschen entstehen und sich an andere Menschen wenden*, in einer Dynamik wo jeder einzelne Sprecher – das juristische Subjekt, der Richter, die verschiedenen Figuren der Juristen – zwar sicherlich vom Text konditioniert ist, aber doch die Verantwortung erhält, die ihm dadurch entsteht, dass er mit diesem nicht übereinstimmt, dass er eine Sinnsuche äußert, wobei er diese interpretierende Hypothesenbildung wieder aufnimmt, die es ermöglicht, die Zukunft, das Leben des Textes zu öffnen.

Der *Gebrauch des Textes*, dem der Bezug auf seine *Entstehung* genommen wurde, hat denselben Charakter eines Werkzeugs, dem sein *Ziel* gleichgültig wurde und das nur seinen *Zweck* beibehält. Ein Medikament beispielsweise hat eine Menge körperlicher Operationen biologischer und chemischer Art als Zweck; sein Ziel ist aber die Gesundheit des Menschen. Es wiederholt sich die Unterscheidung zwischen Zweck und Ziel. Das *Ziel* wird gemessen durch den Einfluss eines Textes auf die Qualität der zwischenmenschlichen Beziehungen; der *Zweck* dagegen ist orientiert an der Autonomie des unpersönlichen Funktionierens eines Textes und also an seiner Gleichgültigkeit gegenüber der Qualität der Beziehungen, die entstehen. Die Anwendung des Rechts nährt sich aus der Dimension des *Ziels* und erschöpft sich nicht in den Mechanismen eines unpersönlichen *Zwecks*. Die juristische Subjektivität und Verantwortung werden durch die Klärung der *Ziele* erleuchtet, die eine Analyse der Absicht einer freien Wahl impliziert; sie verdunkeln sich dagegen, wenn sie sich auf die *Zwecke* beziehen, die beispielhaft die unpersönlichen Mechanismen der biologischen Systeme bedingen.

Dem Funktionieren von Zwecken, die nicht mit der Bedeutung von Zielen erfüllt werden, entspricht eine *Legalität*, die gegenüber der *Gerechtigkeit* gleichgültig ist, die die Gewalt von dem Respekt, den Ausschluss von der Anerkennung unterscheidet.

In der Struktur des Rechts, das unvermeidlich in einer Sprache, die ein Diskurs ist, in Worten ausgedrückt wird, fällt die *angewandte Forschung* mit dem Gebrauch des Rechts zusammen, der einen *Zweck* verfolgt und dem ein *Ziel* fehlt. Es ist gerade die Wiederaufnahme der *reinen Forschung*, die die Frage nach dem Ziel wiederaufleben lässt, weil sie darum bittet zu beachten, dass *beim Menschen ein Gebrauch des Rechts, das nicht von seiner Entstehung her eine Bedeutung erhält, nicht existiert.* Es wächst das Bewusstsein, dass es sich sicher nicht um seine *faktualische Entstehung* handelt, die von den stärkeren Tatsachen aufgedängt wird, sondern um die *anthropologische Entstehung*, die beständig das ‚Gesetz des Textes' wieder vorschlägt, das jedes Wort konstituiert, jede Sprache und jeden Diskurs, die in einem Fragen und Antworten ablaufen, also in der Bewegung eines

Dialogs, der sich dem Vorherrschen jeden *Gebrauchs* entzieht, der von seiner *Entstehung* geleert wurde.

Das Vorherrschen des funktionalen Gebrauchs des Rechts, das nicht an seiner dialogischen Entstehung gemessen wird, ist „gegen-juristisch" (it. contro-giuridico), weil es die *Faktualität* als Maß verwendet und die *Kontrafaktualität* als spezifische Struktur des existentiellen Sinns des Rechts auslöscht. Die Faktualität – heute der Gewinner auf dem Markt – drängt sich der Freiheit auf, löscht sie aus; die Kontrafaktualität dagegen garantiert die Freiheit, indem sie sie nicht abhängig macht von der Kontingenz der stärkeren Fakten, denen die Wahrheit = Qualität der intersubjektiven Beziehungen gleichgültig ist.

IV
Sprache der Normen und Sprache der Menschen

Die faktualische Entstehung des Rechts findet eine vollendete Präsentation im Werk von Kelsen, der jedes juristische System aus der sogenannten *Grundnorm* entspringen sieht, welche den Anfang der Produktion der verschiedenen Normenordnungen bildet.

Die *Grundnorm (grundlegende Norm)* ist der *Grundfakt (grundlegender Fakt)*, der sich als solcher erweist, weil er stärker und also überlegen gegenüber den anderen Fakten ist[65].

Indem man die grundlegende Norm als grundlegenden Fakt konzipiert, wird das Adjektiv ‚grundlegend' verwendet, um die Qualifizierung der Kraft darzustellen, die mehr Kraft hat, des Lebens, das mehr Leben hat, oder dessen, was überlegen ist, weil es sich als das Effektivere erweist. Hier gelten die Überlegungen von G. B. Ferri: „nach Hans Kelsen müsste sich ein nicht nur hochdrammatisches, politisch komplexes und strukturiertes Ereignis wie es zum Beispiel eine Revolution ist (auch wegen der Ideen und Ideale, also der *Werte*, die sich in dieser gegenüberstehen, sich vermischen und bekämpfen) für den Juristen auf eine mechanische Gegenüberstellung reduzieren, die sich ganz formalistisch in Begriffen des Überlebens der alten *Grundnorm* oder des Überlebens einer neuen erschöpft.

Auf diese Weise – fährt Ferri fort – wird das Problem der Revolution für Kelsen nur *reine Form*, neutral und ‚geschichtslos' und also ‚*ohne Datum*'[66].

Die *faktualische Entstehung* des Rechts bedingt die Achse der ‚reinen Rechtslehre' von Kelsen und ist der Verrat am ‚Gesetz des Textes', das seine *anthropologische Entstehung* konstituiert; es bleibt nur der ‚Text des Gesetzes' übrig, der Gebrauch eines Normsystems, „das [für] alle gewaltsam erhaltenen Ordnungen [auf] gleiche Art"[67] verwendbar ist, wie auch immer die Qualität des Zusammenlebens in ihnen sei, gleich formbar gemäß der Gewalt oder dem Respekt, dem Tod oder dem Leben.

‚Die reine Rechtslehre' zelebriert die *Würde der Normen*, die anderen Normen dienen, sie vernachlässigt jede auch nur partiale Frage nach der *Würde des Menschen als sprechendes Subjekt*, die von einer Auswahl der Inhalte der Normen geschützt werden kann, die fähig sind, sie juristisch zu garantieren, nach dem Prinzip des ‚Gesetzes des Textes'.

---

65 Vgl. mein *Nietzsche e Pirandello. Il nichilismo mistifica gli atti nei fatti*, Turin, 2008.
66 G. B. Ferri, *Il potere e la parola*, Padua, 2008, S. 225.
67 F. A. von Hayek, *Recht, Gesetz und Freiheit,* Tübingen, 2003, S. 205.

Was die hier diskutierten Themen betrifft, konstatiert man die Konsolidierung einer *angewandten Forschung*, die die *reine Forschung* verdunkelt, verdrängt und schließlich abschafft, wobei die *juristischen Fakultäten* in *Laboratorien zur Normenanwendung* verwandelt werden.

Die ‚reine Lehre des Rechts' von Kelsen erscheint in ihrem Funktionieren als *allgemeine Theorie* der *angewandten Forschung*, nicht sofort monetisierbar in dem einzigen Szenarium, das übrig bleibt, dem des Marktes.

Die Vorherrschaft der angewandten Forschung konsolidiert sich mit der Annahme, dass in der alltäglichen juristischen Erfahrung die reine Forschung keine sicheren Formeln erreichen kann, die wissenschaftlich verifizierbar sind, um auszudrücken, worin das ‚Gesetz des Textes' besteht. Die Schlussfolgerung ist, dass nur der ‚Text des Gesetzes' übrigbleibt, also ein Behälter, der bereit ist jedwede Menge von Normen zu umfangen, die, ohne irgendeine andere Existenzberechtigung als die aus der überlegenen Wirksamkeit der *Grundnorm* abgeleiteten, schließlich diejenige ist, die jedweden Inhalt legalisiert, der vom *Grundfakt* durchgesetzt wird, dem Fakt der Kraft des Stärkeren gemessen am außermenschlichen Maß der Bioökonomie.

„Die juristischen Normen – liest man bei Kelsen – können irgendeinen Inhalt haben“[68]; gleichlautend zu dieser Behauptung ist die, welche feststellt: Die Normen der Handlungen der Menschen „Normen, die menschliches Verhalten vorschreiben, kommen nur von einem Willen“[69], werden von dem Willen aufgestellt, nicht durch die Vernunft, durch den Willen, der Erfolg hat.

Kelsen nimmt zur Notiz, dass es Konflikte zwischen den Menschen gibt, aber er denkt, dass es nur „Interessenskonflikte“[70] sind, also objektivierbare Konflikte, verschieden von den Sinnkonflikten, die sich nicht objektivieren lassen. Unter verschiedenen Weltanschauungen, unter verschiedenen Lebensauffassungen gibt es nicht einfach Konflikte, die sich von einem sogenannten ‚rationalen', ‚reinen', ‚wissenschaftlichen' Bewusstsein auffangen lassen, das irgendeine Formulierung in den zertifizierten Formeln der Laboruntersuchungen finden wird.

Diese Thesen von Kelsen bauen auf der Voraussetzung auf, dass juristische Normen in Worten ausgedrückt werden können, die mit einer vorgeblichen technisch-wissenschaftlichen Sicherheit als Mittel, um die Dinge zu benennen, verwendet werden können. Auf diese Weise soll das sogenannte ‚wissenschaftliche' Niveau erreicht werden: „Unsere Erkenntnis ist in dem Maße wissenschaftlich geworden, als sie Zahl und Maß anwenden kann...“[71], wobei es diese ‚mathematische' Sicher-

---

68 H. KELSEN, *General theory of Law and State*, Cambridge, Mass., 1949, S. 113.

69 Ders., Was ist Gerechtigkeit?, in: *Scritti di sociologia e politica in onore di Luigi Sturzo*, Bologna, 1953, II, S. 318.

70 Ders., *Die reine Rechtslehre*, Darmstadt, 1985, S. 59.

71 F. NIETZSCHE, *Nachgelassene Fragmente*, in *Sämtliche Werke*, Bd. 13, S. 282.

heit erreicht, die nicht zu der vielsinnigen, vielstimmigen Struktur des Wortes gehört.

Mit oder ohne Absicht vergisst man zu beachten, dass es auch in der juristischen Sprache: „klar ein[leuchtet], dass die Sprachen nicht eigentlich Mittel sind, die schon erkannte Wahrheit darzustellen, sondern weit mehr, die vorher unerkannte zu entdecken", da jede Sprache , auch die der Juristen, nicht in einer Verbindung von Tönen und Zeichen besteht, sondern in einem Kommunizieren der „Weltansichten"[72], die so sind, weil sie sich ständig in ihrer Veränderung neu bilden, nach den von den Menschen bei der Auswahl und Gründung ihres Zusammenlebens ausgearbeiteten Plänen.

Was Humboldt mit dem Begriff der ‚Weltanschauung' meint, ist nicht, sicher auch nicht in der juristischen Sprache, eine Menge von Elementen, die innerhalb des technisch-mechanistischen Gebrauchs der Normen und also der angewandten Forschung bleibt, die einem unpersönlichen Funktionieren dient.

Die Normen schaffen überhaupt keine Weltanschauung. Es sind die Menschen, die, so wie sie verschiedene Sprachen schaffen, auch verschiedene Weltanschauungen schaffen und sie ausformulieren, indem sie die Fähigkeit zur Hypothesenbildung nützen, also in der dialogischen Kommunikation zusammenleben, die es jedem einzelnen Sprecher erlaubt, seine eigene Weltanschauung zu formulieren und sie mit den anderen Weltanschauungen zu vergleichen, die von anderen Subjekten vorgeschlagen werden. Jede Norm und jede Menge von Normen, die in die Worte einer Sprache gesetzt wird und also Diskurs ist, schlägt Weltanschauungen vor: a) auf einer Seite sind sie in der Festigkeit einer objektiven Formulierung verankert wie die der normativen Äußerungen; b) auf der anderen Seite werden sie mit neuem Leben erfüllt, durch das Bewusstsein, dass sie an der fortführenden Ausbildung einer neuen Weltanschauung teilnehmen, die über die tote Steifheit einer schon gegebenen Vision hinausgeht.

Jede Norm entsteht in einer ‚schon gebildeten Welt' und lebt in der Bewegung einer ‚sich bildenden Welt'.

Auch die *Grundnorm*, die den Anfang für die Konstruktion der vielen Ordnungen von Normen bildet, besteht in einem *Grundfakt*, dem stärkeren Fakt, der die anderen besiegt und mit oder ohne Absicht seine eigene Weltanschauung präsentiert, seine Sinnhypothese, darüber dass die Menschen in einem Beziehungsgeflecht zusammenleben, das von einem immer in kontinuierlicher Transformation befindlichen ‚Text' konstituiert ist, weil er ständig neue historische Präsentationen des ‚*Gesetzes des Textes*' oder der dialogischen Struktur des kommunikativen Zusammenlebens der Menschen vorschlägt, das historisch aber in der unvermeidlichen Starre des ‚*Textes des Gesetzes*' definiert wird.

---

[72] W. von Humboldt, *Über das vergleichende Sprachstudium in Beziehung auf die verschiedenen Epochen der Sprachentwiklung*, S. 27.

Wenn man diese anfängliche zweidimensionale[73] koexistenzielle Struktur jeder Textart beiseitelässt, verschleiert man die kreative Verantwortung, die ihn qualifiziert. Er bleibt nur ein ‚Text des Gesetzes', eine Menge toter Worte, benützt um die bewusste Existenz der Menschen von der ständigen Verwandlung fern zu halten, die vom Zusammengehören der beiden Dimensionen im Wort zeugt. Eine ist die *geschlossene*, gebildet durch den Ton und die Zeichen, die sie definieren; die andere ist die *offene*, bestehend aus der kontinuierlichen Sinnsuche, ausgedrückt vom Wort; über die Ansprüche von Kelsen und seiner Anhänger hinaus, bildet „jedes Ausgesprochene [Wort]... das Unausgesprochene. Oder bereitet es vor"[74].

Zurück zu den Bemerkungen über die Grenze, die die Menschen von den Tieren trennt, Bemerkungen die bekräftigen, dass es bei den Menschen *Sinnkonflikte* gibt, die aus aus den vielsinnigen Strukturen der Wörter entstehen, während bei den Tieren *vitale Konflikte* entstehen, die nicht von Wörtern ausgedrückt werden und die im technisch-wissenschaftlichen Lexikon als *bioökonomische Interessenskonflikte* beschrieben werden.

In dieser zweiten Größenordnung hält man es für möglich, eine vorgebliche wissenschaftliche Kenntnis zu erreichen. Kelsen bleibt in der Nähe dieser letzten Perspektive und behauptet daher, dass die Lösung der Konflikte zwischen den Menschen „nur stattfinden kann, indem man ein Interesse auf Kosten eines anderen oder mittels eines Kompromisses zwischen in Konflikt stehenden Interessen befriedigt", weil seine Überzeugung konstant bleibt, dass es unmöglich sei, einen Beweis für eine „gerechte"[75] Lösung zu finden.

Kelsen behauptet so, dass die *Frage der Gerechtigkeit* nicht existiert, weil es „kein objektives Kriterium der Gerechtigkeit gibt"[76]. Die Voraussetzung für diese These gleicht derjenigen, die zum Leugnen der *Frage der Kommunikation* zwischen den Menschen – Subjekte einer Sprache, die ein Diskurs ist – führen müsste, weil sich kein ‚objektives Kriterium' finden lässt, das es ermöglicht, die Kommunikation, die Sprache und den Diskurs wissenschaftlich zu behandeln. Dass es keine praktikable ‚wissenschaftliche' Kenntnis der den Menschen eigenen Diskursivität gibt, führt aber trotzdem nicht zu der Behauptung: Es gibt kein richtiges Kriterium, um die diskursive Qualität der interpersönlichen Relation der Sprecher zu beurteilen. Das Wort mit *Gewalt* an sich reißen zeigt sicher ein Benehmen, das offensichtlich verschieden ist von dem, das sich beim *respektvollen* Zuhören konkretisiert.

---

73 Vgl. A. Kaufmann, *Recht und Sprache,* in: *Beiträge zur juristischen Hermeneutik*, Köln-Berlin-Bonn-München, 1984, S. 107.

74 W. von Humboldt, *Über das vergleichende Sprachstudium in Beziehung auf die verschiedenen Epochen der Sprachentwiklung*, S. 4.

75 H. Kelsen, *Was ist Gerechtigkeit?*, S. 319.

76 Vgl. H. Kelsen, *Vom Wesen und Wert der Demokratie*, Darmstadt, 1981.

Man würde eine ‚wahre' Demonstration der Qualifikation der menschlichen Beziehungen verlangen und diese sogenannte Wahrheit müsste zu einer rationalen, oder wissenschaftlichen Kenntnis gehören.

Das ‚Gesetz des Textes' ist am Anfang jedes ‚Textes des Gesetzes', aber nicht Gegenstand irgendeiner durchführbaren Wissenschaft, es lässt sich nicht in Formeln festhalten, die einer Überprüfung im Laboratorium standhalten; es wird stattdessen durch die Kunst des Juristen geklärt.

Cicero führt uns zu diesen Gedanken, wenn er sagt: „so wie die Gesetze über den Magistraten stehen, so stehen die Magistraten über dem Volk und man kann in Wahrheit sagen, dass der Magistrat ein sprechendes Gesetz ist und das Gesetz ein stummer Magistrat"[77]. Der Übergang von der ‚*stummen*' zur ‚*sprechenden*' Verfassung erfolgt durch die Dimension der Kunst des Juristen, die zusammen mit dem ‚Gesetz des Textes' dem stummen ‚Text des Gesetzes' wieder Wort und Leben verleiht. Es ist daher kein Übergang, der mit den Instrumenten der Naturwissenschaften erreicht werden könnte, wie Hauser meint.

Wir kehren zum Anfang dieser Schrift zurück und wiederholen die Behauptungen von Hauser, die meinen, eine „‚Renaissance' vorhersehen" zu können, sodass die Rechtsprobleme „kein Feudum der Geistes- und Sozialwissenschaften" mehr sein werden, sondern sich im Gegenteil nach „einem mit den Naturwissenschaften geteilten Weg"[78] weiterentwickeln werden.

Die Vorherrschaft der Modelle der Naturwissenschaften lässt tendenziell den Bereich der *angewandten Forschung* wachsen, weil diese die ursprünglichen Fragen nach dem Sinn, die der Hypothesenbildung offen stehen, welche die *reine Forschung* nährt, zuerst verdunkelt und dann auslöscht. Daraus folgt, dass man dabei bleibt, den ‚Text des Gesetzes' zu behandeln, das heißt den *Gebrauch* eines positiven Rechts, das nicht an seiner anthropologischen *Entstehung* gemessen wird, die die anfängliche Differenzierung des Menschen darstellt, die Besonderheit der kommunikativen Relation zwischen dem *Ich* und dem *anderen*, Sprecher im *dritten Raum* des Sagens-Hörens der interpretierenden Hypothesen.

Die *zwischenmenschliche Kommunikation* strukturiert die juristischen Beziehungen und darf nicht mit der *vitalen Information* der biologischen Systeme verwechselt werden, die durch Beziehungen zwischen Systemelementen entsteht, die keinen Zugang haben zu dem Medium der Rechtlichkeit, weil sie *vitale Konflikte* zeigen und keine *Sinnkontroversen*.

Bei den vitalen Konflikten werden die Gesetze der biologischen Systeme bestätigt, lebt die *Unschuld* des unpersönlichen Lebens, ist die *Zurechnungsfähigkeit* der persönlichen Wahl, die von juristischer Relevanz ist, nicht vorhanden.

Die Entstehung des Rechts, gefunden in dem ‚Gesetz des Textes', bildet das immer wieder erneut aufgenommene Territorium der *reinen*

---

77 CICERO, *De Legibus*, 3, 1, 2.

78 M. D. HAUSER, *Moral Minds*, S. 425 (it. Übers. S. 415).

Forschung, die, in der ständigen Transformation des historischen Gebildes der juristischen Beziehungen, erneut Licht auf diesen unermesslichen Anfang wirft, der dem ‚Text des Gesetzes' und also der *reinen Forschung* einen Sinn verleiht.

Das Gesetz kann nicht ko-existiert werden nur als Gebrauch des Rechts, weil es den Mensch betrifft, der anders als die Tiere, sein einziger ‚juristischer Agent' ist; es ist kein Konsumartikel, keine ‚Einheit des Zählens'[79] des Marktes; es existiert dagegen in der unverzichtbaren Verpflichtung, sich Fragen zu stellen, die sich der freien und verantwortlichen Ausübung der Subjektivität öffnen und also den Menschen als das einzige zurechnungsfähige ‚Wer' präsentieren.

Der Mensch belebt das Recht, er ist kein in der seelenlosen Sprache der Bioökonomie kontabilsierbarer ‚juristischer Patient'.

Wenn das Werk des *jus dicere* biologisiert wird und sich in den Operationen der „Versöhnung"[80] animalisiert, die von den Modellen des überlegenen *vitalen Vorteils* produziert wird, der sich in der Modalität des ökonomischen Vorteils konkretisiert, dann entwickelt sich das *jus dicere* in die einzige Richtung der angewandten Forschung der bioökonomischen Systeme.

In dieser Richtung verbleibt nur der ‚Text des Gesetzes', der dieselbe Struktur hat wie die Gesetze der nicht-menschlichen Lebewesen, des biologischen Gedächtnisses der Tiere, die niemals den Fragen des ‚Gesetzes des Textes' ausgesetzt sind, weil die Tiere, wie Boncinelli erinnert, ‚Exemplare unter Exemplaren' sind, aber keine ‚eigene Welt'[81] bilden, also nicht auf kreative und kontinuierliche Weise eine Welt formen, die mit den Menschen geteilt wird, den einzigen Subjekten, Sprechern der juristischen Beziehungen.

Die Bildung der Welt nährt sich von dem ‚Gesetz des Textes', also der Wort- und Textbildung der Sprache: „Dass die Welt in der Form der Gesprochenheit besteht, ist der Grund, weshalb überhaupt in ihr gesprochen werden kann"[82].

Der Mensch ist das einzige Lebewesen, das eine *Welt* hat, und hat sie, weil er das *Wort* hat.

„Im unermesslichen Reich der stummen Natur ist der Mensch das einzige Lebewesen, das die Gabe der Sprache besitzt: Das ist der wahre Sprung vom Tier zum Menschen. Das Tier kann kreischen, heulen, brüllen, bleibt aber nichtsdestotrotz in seiner Stummheit eingeschlossen, in diesem ‚unermesslichen', unüberwindbaren ‚Stummsein', von dem Wilhelm von Humboldt gesprochen hat. Der Mensch dagegen *hat das Wort*. Nur weil er das Wort hat, kann er schweigen. Das Schweigen ist nämlich nur dann echtes Schweigen, wenn es ein freiwilliger Verzicht auf das

---

79 Vgl. A. SUPIOT, *Homo juridicus*, Paris, 2005, S. 129.

80 M.D. HAUSER, *Moral Minds*, S. 332 (it. Übers. S. 324).

81 Vgl. E. BONCINELLI, *Il male. Storia naturale e sociale della sofferenza*, S. 165.

82 R. GUARDINI, *Welt und Person. Versuche zur christlichen Lehre vom Menschen*, Würzburg, 1962, S. 143.

Wort ist und nicht wenn es eine einfache Unmöglichkeit zu sprechen ist. Das eines Steines ist nie wirkliches Schweigen... dieser Abgrund – den die Präsenz / Absenz der Sprache zeigt – zwischen dem bloßen Tier-sein und dem Mensch-sein" ist der Abgrund, der also einen *qualitativen* und nicht nur einen *graduellen* Unterschied zwischen den Tieren und den Menschen manifestiert. Ein derartiger Unterschied zeigt sich hauptsächlich in der *Bildung der Welt* und in der *Institution juristischer Normen*, zwei Dimensionen, die man ausschließlich bei den Menschen beobachten kann und die also immer von der „Evolutionskette"[83] ausgeschlossen bleiben, die nach der unkritischen Wiederholung des Schemas von Darwin selbst das Phänomen des eingeführten Rechts erklären können soll.

Anders als die Menschen begrenzen sich die Tiere darauf, in ihrer Umgebung zu leben, in einer Kondition der radikalen Unschuld. Sie sind den Alternativen von Gut und Böse, Gerecht und Ungerecht, Legal und Illegal nicht ausgesetzt; sie stellen sicherlich nicht einmal die Fragen nach dem Sinn, nach einer ‚Pflicht zu bloßer Legalität'[84].

In den Fakultäten der Rechtswissenschaft macht die reine Forschung erneut den Anfang des Rechts zum Thema, also die besondere Kondition des Menschen, sein „‚Eine Welt für sich'-haben", nicht einfach ‚ein Exemplar unter Exemplaren' sein.

‚Eine Welt für sich' zu haben führt dazu, sich vor dem ‚Gesetz des Textes' zu befinden, das den möglichen Interpretationen ausgesetzt ist, die die Freiheit bei dem Ausbilden des Gewebes der Beziehungen bietet, die sich in der Dauer des Textes in den verschiedenen sozialen Systemen gebildet haben.

Mit Boncinelli erinnern wir uns daran, dass „in der Natur Begriffe wie Gut und Böse keinen Sinn haben", erst bei dem Menschen entsteht das Problem des Bösen und „bleibt auf seine Welt begrenzt"[85], koexistiert als Text, der von den entgegengesetzten Polen der Alternativen zwischen gerecht und ungerecht, legal und nicht-legal durchzogen ist.

Ein nützlicher Verweis kann auf einige Analysen von Legendre gemacht werden, der schreibt: „der Text stellt sich vor mit seinem eigenen Jenseits wie ein begrenztes und der Darstellung der Unendlichkeit geöffnetes Universum"[86]. Im Text erfährt der einzelne Mensch seine Anpassung an die Umgebung und stellt sich gleichzeitig selbst vor, sodass die beiden Dimensionen bestätigt werden, die immer gleichzeitig vorhanden sind: Sich von einem Text kommend zu bewegen, um ihn anzunehmen und zu transformieren, aber nicht nach einem zufälligen Geschehen, unwesentlich oder notwendig, sondern nach dem Risiko der Ausübung

83 S. ZUCAL, *Einleitender Aufsatz* zu F. Ebner, *Das Wort und die geistigen Realitäten. Pneumatologische Fragmente*, S. 86.

84 Vgl. G. RADBRUCH, *Rechtsphilosophie*, zit., S. 135.

85 E. BONCINELLI, *Il male. Storia naturale e sociale della sofferenza*, S. 5f.

86 P. LEGENDRE, *Della società come testo*, S. 174.

der Sprache, das Freiheit im Diskurs ist, das durch die dreidimensionale Struktur geregelt wird und nicht arbiträr verfügbar ist.

Es gibt also einen Text, eine ständig sich deformierende Bildung der Kommunikation, weil das Sich-deformieren nicht der Tod der kommunikativen Beziehung zwischen den Sprechern ist, sondern der Wiederbeginn einer derartigen Beziehung hin zu neuen Wegen, die ursprünglich in der Koexistenz und ihren Institutionen durchgeführt werden. Der Text und die Sprache gehören im Diskurs zusammen und das Recht ist gerade in der diskursiven Struktur der menschlichen Sprache verwurzelt, in den kommunikativen Beziehungen zwischen den Menschen[87].

Das Recht ist strukturiert wie die Sprache, die ein Diskurs ist[88].

Aus dieser Perspektive kann Kaufmann schreiben: a) „*Das Recht ist gegeben in und mit der Sprache*“[89] und b) „die Welt wird nur durch die Sprache, und sie existiert nicht außerhalb der Sprache“[90], so wie nichts existiert, was die intersubjektiven Beziehungen im Recht betrifft.

Die vitale Umgebung gehört den Tieren, die eine Welt und instituierte Normen unbedingt entbehren.

Wenn man behauptet, dass das Recht und die Welt nur in dem sprachlichen Diskurs existiert, behauptet man, dass „auch das Recht eine ‚Welt‘ ist“, weil es so die Aktivität der Konkretisierung des Rechts bestätigt, wo „verwirklicht wird, geschieht immer eine Vermittlung zweier Welten: der Welt der Alltagswirklichkeit... und der Welt des Rechts mit ihren ein Sollen beinhaltenden Normen“[91]. In diesen beiden Welten zirkulieren zwei Sprachen und bilden sich zwei Texte.

In der Realität der täglichen Kommunikation entsteht ständig neu das ‚*Gesetz des Textes*‘, vorgestellt im *Sagen eines Menschen zu einem anderen Menschen in der Mitte eines dritten Raums,* der niemandem gehört und wo sich alle in einem Zustand der Gleichheit und der Gegenseitigkeit treffen können, also indem sie zuhören und antworten können. Hier öffnen sich die Alternativen zwischen dem *Respekt für diesen Anfang*, der immer für ein originelles Wiederaufnehmen des Diskurses offen ist, oder seiner *Vergewaltigung*, wobei die essenziellen Elemente der Kommunikation der Menschen als Subjekte, die das Recht haben, das *Wort zu ergreifen* und *Gehör zu finden*, verletzt werden.

Wenn dieser Anfang nicht gestattet wird, dann können verschiedene historische Modalitäten entstehen, wo man nur den ‚Text des Gesetzes‘ hat, der aus irgendeiner Menge von Normen besteht, die aus der Gelegenheit der überlegenen Fakten entsteht und als Instrument verwendbar ist, das der Qualität der kommunikativen Beziehungen der Menschen gleichgültig

---

87 Vgl. G. Radbruch, *Rechtsphilosophie*, S. 199.

88 Vgl. mein *Il diritto strutturato come un discorso*, Rom, 1994.

89 A. Kaufmann, *Recht und Sprache*, S. 103.

90 Ebd., S. 104.

91 Ebd., S. 103.

gegenübersteht. Das endet damit, dass jedes Modell der Koexistenz, das vom Gesetz geregelt wird, als wirksame Kraft angesehen wird.

Wenn die Diskussion der *Welt des Rechts*, indem sie mit der *Welt der Alltäglichkeit der menschlichen Beziehungen* in Kontakt tritt, sich nur die Kriterien der *Naturwissenschaften* zu eigen macht, dann fällt die Besonderheit der *Sozialwissenschaften* weg, weil die exklusive Zugehörigkeit der Sprache zu den Menschen, den Akteuren der sozialen Systeme, nicht berücksichtigt wird. Es wird angespielt auf die Sprache, die ein Diskurs ist und als solcher sich auf dem Gebiet der *Sozialwissenschaften* konkretisiert und in den *Naturwissenschaften* abwesend ist, wo der Diskurs nur einen negativen und disfunktionalen Wert bei ihrer physiologischen, naturalistischen, unpersönlichen, außermenschlichen Entwicklung haben kann.

„Mathematik zu werden ist bekanntermaßen das Ziel aller Naturwissenschaften, jedes Wissens über die Geschehnisse der umgebenden Welt; und das letzte physikalische Wissen wird vielleicht eines Tages in einer mathematischen Formel ausgedrückt, die nicht mehr in Worten ausdrückbar ist".

Die Mathematik und die Naturwissenschaften, die sich auf diese beziehen, verdrängen das Wort und daher das Ich, das sprechende Subjekt, das handelnde ‚Wer' der juristischen Relationen. Die mathematischen Formeln sind nicht zurechnungsfähig, für nichts verantwortlich vor einem überparteiischen Richter; sie werden aber in der Konstruktion der ent-personifizierten Architektur der Großen Rechnung des Marktes verwendet.

Das Wort dagegen „bringt… die Beziehung dessen zum Ausdruck, was als Persönlichkeit existiert". Ironisch bemerkt Ebner, „auf den verrückten Gedanken, die Liebe auf eine mathematische Formel zu bringen, wird doch niemals ein Mensch verfallen"[92], wie man es auch nicht schaffen würde, die polyseme Struktur des Diskurses zwischen den Sprechern als etwas aufzufassen, dass sich objektivieren und als mathematische Formel ausdrücken lässt.

Wie Hauser meint, sollten die „Proklamationen der Einzigartigkeit der Menschen" fallen, die als Überbleibsel eines ungenügenden komparativen Studiums der Menschen und der „anderen Tiere"[93] angesehen werden; derartige Studien seien jetzt neu auszurichten gemäß den Methoden der Naturwissenschaften. Man hat aber gesehen, dass die Welt des Rechts *„in und mit der Sprache entsteht"*[94] und die Sprache der Menschen ist aus Wörtern gebaut, zeichnet und beschreibt den Eingang des Menschen auf die Bühne von allem, was es gibt.

Die Sprache-Rede manifestiert sich im Erscheinen des „ersten Wortes als Wort und nicht nur als Schall"[95].

---

92 F. Ebner, *Das Wort und die geistigen Realitäten*, S. 154.
93 M. D. Hauser, *Moral Minds*, S. 316 (it. Übers. S. 306).
94 A. Kaufmann, *Recht und Sprache*, S. 104.
95 F. Ebner, *Das Wort und die geistigen Realitäten*, S. 92.

Ebner bemerkt mit Humboldt, dass der Unterschied zwischen dem Tier und dem Menschen sich in der Zugehörigkeit des Wortes nur zum Menschen manifestiert, und meint daher, das Stummsein der Tiere sei nicht durch einen Unterschied bei den Sprachorganen verursacht; bei den Tieren fehle das „Selbstbewusstsein", das fähig ist, die Organe des Körpers, die auch bei den Tieren vorhanden sind, dazu zu bringen, „die scharfe Teilung und Begrenzung der Laute..., die wir Artikulation nennen"[96], vorzunehmen.

Das Selbstbewusstsein, das Wort und die Artikulation der Sprache verbinden sich im Diskurs, in der Dreidimensionalität des Dialogs, die von der Überparteilichkeit des Rechts beschützt wird.

Jedes dieser Elemente ist wesentlich für die anderen bei der Ausbildung der Welt, bei den beiden Qualifizierungen, die sich in dieser Studie am nächsten sind: der Welt „der Alltagswirklichkeit... und der Welt des Rechts mit ihren ein Sollen behandelnden Normen"[97].

In der Bildung dieser beiden Welten zeigt die Sprache das, was Kaufmann ihre Bidimensionalität nennt, wobei er sich auf zwei Tendenzen bezieht, die immer in den vielen Sprachen der Menschen anwesend sind. Die Tendenz zu einer *digitalen Sprache*, ausgezeichnet durch die Suche nach einer Eindeutigkeit, die es ermöglicht, die den Nummern anhaftende Sicherheit zu gewinnen, und die Tendenz zu einer *analogischen Sprache*, die nicht die Sicherheit mittels Eindeutigkeit sucht, sondern die intentionale Dimension der Sprache aktiviert, die über den Sinn nachdenkt, und also in der dem Wort eigenen Vieldeutigkeit verbleibt, die weder mit einer *Zahl* noch mit einem *Ton* verwechselt werden darf.

Die Zahl und der Ton werden behandelt wie Objekte der Naturwissenschaften und also der im Labor durch Reproduktion durchgeführten Überprüfungen der Phänomene und der vielfältigen Materialien der wissenschaftlich durchgeführten Beobachtungen.

Im konkreten Leben des Rechts und der juristischen Relationen kann die Sprache weder die alleinige *analogische Sprache* zum Modell haben, die vieldeutig und daher immer strukturell unsicher ist, noch die alleinige *digitale Sprache*, die eindeutig und mit der gleichen Sicherheit wie die Zahlen konstruiert ist. Die Sprache des Rechts, wie im übrigen jede Sprache der diskursiven Kommunikation der Menschen, birgt diese beiden Dimensionen in sich und zeigt so, wie sie sich immer im gegenseitigen Durcheinanderweben der *beiden Wege* entwickelt, dem des ‚Gesetzes des Textes' und dem des ‚Textes des Gesetzes'.

Der *erste* lässt sich nicht in einer vollendeten Äußerung fixieren und definieren, die experimentell nachvollziehbar wäre, sondern erneuert sich ständig, wobei er jedes Mal eine neue Färbung im Dialog der Menschen annimmt. Der *zweite* erreicht eine definierte Äußerung, die eine Dauer gewinnt und den Normen eine spezifische Konfiguration verleiht.

---

[96] Ebd., S. 95.

[97] A. KAUFMANN, *Recht und Sprache*, S. 103.

Hier wird die Beobachtung wieder zur Hauptsache, die fähig ist, im ersten Weg den Sinn des zweiten zu finden, der den Menschen eigen ist, weil er eine Qualifikation der Beziehungen fixiert und ihr Dauer verleiht; aber im Bewusstsein, dass es sich nicht um einen letzten Zustand handelt, der ein schon abgeschlossenes Wissen bildet, sondern nur die historische Repräsentation eines unerschöpflichen Weges, dem der ständigen Erneuerung und Wiederholung des ‚Gesetzes des Textes', also des Kerns der menschlichen Diskursivität, der im *Sagen eines Menschen zu einem anderen Menschen in einem dritten Raum* besteht, der für beide unerlässlich ist, damit sie fragen und antworten können, aber nicht allein verfügbar für einen der beiden.

Der dreidimensionale Kern des ‚Gesetzes des Textes' – ich und der andere, Sprecher im dritten Raum des Diskurses – ist nicht das Objekt irgendeiner Naturwissenschaft, kann überhaupt keine sogenannte *objektive Überprüfung* erfahren, gemäß den Modellen der mathematischen Formeln, sondern öffnet sich exemplarisch der *Kunst der Hypothesenbildung*, die immer die *reine Forschung* wieder neu einleitet, die ihre Variationen und unermessliche Vertiefungen nährt, sodass den toten Worten des ‚*Textes des Gesetzes*', dem Material der *angewandten Forschung*, neues Leben eingehaucht wird. Hier kann man, wenn man sich an das Zitat von Cicero[98] zurückerinnert, den Übergang von der *Stummheit der Normen* zu den *Wörtern des Rechts* verstehen, die von der Kunst des Juristen geäußert werden, die durch die zentrale Figur des Magistraten vorgestellt wird.

Das Ausfallen der Verbindung, die die beiden Sprachen der beiden Welten vereinigt, die von Kaufmann analysiert werden, erfordert, dass die Welt des Rechts eine komplette Gleichgültigkeit gegenüber der Welt der alltäglichen Beziehungen der Menschen erreichen kann. Also eine Gleichgültigkeit gegenüber ihrer Qualität und dass sie so funktionieren kann ohne irgendeinen Bezug auf das ‚Gesetz des Textes', das den Anfang jedes Sprach-Diskurses unter den Menschen bildet, aber *sowohl* respektiert *wie* verletzt werden kann. Es kann das Recht beinhalten, mit dem anderen inmitten eines dritten Raums zu sprechen, oder es kann dieses erste Recht verletzen und die Sprecher von der Diskursivität ausschließen, die sich in den sozialen Systemen entwickelt, und den einzelnen *das Recht* nehmen, *das Wort ohne ökonomische, kulturelle, rassistische u.a. Diskriminierung zu ergreifen.*

Wenn dieses zweite Ergebnis vorliegt, dann befindet man sich in der Konstruktion von Kelsen; es wird postuliert, „daß alle gewaltsam erhaltenen Ordnungen gleicher Art sind und die Bezeichnung (und Würde) einer Rechtsordnung verdienen – den Namen, der bislang zur Bezeichnung einer bestimmten Art von Ordnung verwendet worden war, die als wertvoll galt, weil sie die individuelle Freiheit sicherte"[99], die Würde des Menschen,

---

98 Vgl. CICERO, *De Legibus*, 3, 1, 2.

99 F. A. VON HAYEK, *Recht, Gesetzgebung und Freiheit*, S. 205.

der Person, und sich nicht darin erschöpfte, die ‚Würde' der Normen, die anderen Normen dienen, zu feiern.

In der Formulierung von Kelsen reduziert sich das Recht auf den ‚Text des Gesetzes', der ohne Regulierung durch das ‚Gesetz des Textes' zu einer ‚beliebigen sozialen Technik wird, die die Gewalt verwendet' und es vernachlässigt, den radikalen Unterschied zwischen den vielzähligen ‚sozialen Techniken' zu berücksichtigen, die, von der wirksameren Kraft eingesetzt, zu jedem Zweck dienen können. Aus seiner Sicht behauptet Kelsen in der Tat: „Vom juristischen Gesichtspunkt aus war das Recht während der Nazizeit Recht"[100] .

In der Konstruktion von Kelsen wird die anthropologische und nicht faktualische Entstehung des Textes der juristischen Normen ausgelöscht; es wird jene Entstehung negiert, die nicht darin besteht, eine überlegene Kraft auszuüben, sondern im Wiederaufnehmen des anfänglichen Entstehens jeden Textes liegt, der die dialogische Reziprozität des Fragens und Antwortens eines Menschen vorstellt, der mit einem anderen Menschen in einem dritten Raum kommuniziert, konstitutiv unparteiisch und also so, dass es kein gewaltsamer Ausdruck ist, gegenrechtlich, von Seiten des Stärkeren.

Wenn es nur als eine soziale Technik aufgefasst wird, ein formales Instrument, das bereit ist, mit jedem Inhalt und für jeden Zweck verwendet zu werden, dann wird das Recht seinem hauptsächlichen Sinn nicht gerecht, also dem, „daß die Funktion des Gesetzes nicht allein in der Begründung, sondern vor allem in der Begrenzung der Staatsgewalt, zumal der Strafgewalt, liegt, in der Garantie für den Bürger, nur in den Grenzen des Gesetzes Verartwortung gezogen zu werden"[101].

Die ursprünglichsten Rechte der Bürger sind nicht verfügbar, weil sie verwurzelt sind in den Subjekten des Fragens und Antwortens, gemäß der Gleichheit und Gegenseitigkeit, die dem Ursprungsort des Diskurses zu eigen sind, dem dritten Raum des Wortergreifens und Zuhörens, in der ständigen Erneuerung der dialogischen, struktural nicht gewalttätigen, sondern respektvollen Kommunikation. In dieser Vision ist die intersubjektive Relation nicht daran orientiert als eine soziale Technik der Kraft des Stärkeren zu dienen, sondern das Recht jedes Einzelnen zu garantieren, für das Subjekt, das sich selbst mitteilen kann, wobei es seine Worte an die anderen richtet, die es mit Reziprozität respektiert und denen es ein teilnehmendes Gehör gewährt.

„Die reine Form des Rechts kann aus einem Unrecht ein Recht machen... Wer das Recht zerstört und das Rechtsbewusstsein, vernichtet die Möglichkeit des Friedens und letztlich notwendigerweise die Basis der eigenen Existenz. Die abgeschmackte Nazi-Formel will behaupten, dass

---

[100] H. KELSEN, *Das Naturrecht in der politischen Theorie*, hrsg. von F. M. Schmölz, Salzburg, 1973, S. 148.

[101] A. KAUFMANN, *Recht und Sprache*, S. 112; vgl. W. VON HUMBOLDT, *Ideen zu einem Versuch, die Grenzen der Wirksamkeit des Staats zu bestimmen*, in: *Gesammelte Werke*, Berlin, 1852, S. 1-188.

das Unrecht zum Recht wird, wenn es einem Volk dient"[102]. Das ‚Unrecht' wird zu ‚Recht', wenn es im ‚*Text des Gesetzes*' fixiert ist, also wenn die Inhalte der juristischen Normen nicht vom ‚*Gesetz des Textes*' ausgewählt werden, sondern als ‚bloße Formen' für einen Vorteil verwendet werden, der zu Zeiten der Naziherrschaft der Vorteil einer sogenannten reinen Rasse war.

Das ‚Gesetz des Textes' ist der Ursprung und die Regel des ‚Textes des Gesetzes', der also nicht die vollendete Dimension der Juridizität bildet, die stattdessen darin besteht, *die Abstraktheit der Norm* immer mit der *Besonderheit des Falls* zu verbinden. Die juristische Norm ist dazu bestimmt, sich in der Wirklichkeit zu konkretisieren, die sich aber in ihrer realen Aufmachung nicht antizipieren lässt, die im Gegenteil immer den schöpferischen Eingriff der Interpretation verlangt, die der überparteiische Richter durchführt, damit die Normen zur Anwendung kommen können.

Das Werk der Überparteilichkeit wird aber nicht dem Willen, der Zufälligkeit des subjektiven Empfindens überlassen, sondern wird geleitet von einer Rückkehr zur Wiederaufnahme der anthropologischen Entstehung der Normen, oder vom kunstvollen Wiederlesen des ‚Gesetzes des Textes'.

Hier wird gezeigt, dass diese Wiederaufnahme sich von dem Licht der *reinen Forschung* nährt, die der *angewandten Forschung* neues Leben einhaucht, indem sie der Unparteilichkeit des Urteils einen Sinn gibt, der auf die Konkretheit der multiplen Formen des Zusammenlebens eingeht. Diese Perspektive bleibt der auf die Modelle der Naturwissenschaften bezogenen Formation des Juristen fremd, die, indem sie eine sogenannte wissenschaftliche Objektivität verfolgt, eine „völlige Auslöschung des Ich"[103] fordert, das in der technisch-wissenschaftlichen Behandlung der Objekte der Naturwissenschaften marginalisiert und aufgelöst wird. Kaufmann kritisiert so diesen „Objektivismus in den Naturwissenschaften, [dessen] Ideal es ist, daß sich das erkennende Subiekt unter völliger Auslöschung des Ich ganz dem Gegenstand hingibt"[104].

Der Bezug zwischen dem ‚Gesetz des Textes' und dem ‚Text des Gesetzes' verlangt es ständig vom Juristen, die Dimension der Kunst auszuüben, die dem objektivierenden Wissen fremd bleibt, das in den verschiedenen Richtungen der Naturwissenschaften praktiziert wird. Der ‚Text des Gesetzes' kann gelesen und gekannt werden, aber seine Konkretisierung mit Bezug auf den einzelnen Fall verlangt das Wiederaufnehmen des ‚Gesetzes des Textes'. Dieser Weg kann sich in der Perspektive der Kunst vollenden und nicht im Laborversuch, wie es das Ende

---

102 P. L. LANDSBERG, *Scritti filosofici*, Cinisello Balsamo, 2004, S. 679 (direkt aus dem It. übersetzt).

103 A. KAUFMANN, *Durch Naturrecht und Rechtspositivismus zur juristischen Hermeneutik*, in: *Beiträge zur juristischen Hermeneutik*, S. 87.

104 Ebd., *Gedanken zu einer ontologischen Grundlegung der juristischen Hermeneutik*, in *Beiträge zur juristischen Hermeneutik*, S. 89.

der sogenannten „Proklamationen der Einzigartigkeit des Menschen" will, die weiter unternommen werden wegen des fehlenden Erreichens einer erschöpfenden vergleichenden Beschreibung aus den „Studien über andere Tiere"[105] nach den Modellen der „Naturwissenschaften"[106].

Der Jurist leistet seine Arbeit, indem er die kreative Dimension der Kunst riskiert, die ausschließlich den Menschen gehört.

„Ein qualitativer Unterschied trennt die menschliche Kreativität von jeder Art der Produktion der Tiere... Ein Tier kann schön sein, sich anmutig bewegen, auf eine Weise singen, die Freude bereitet; es kann niemals ein Kunstwerk schaffen, sondern ist und lebt die Natur".

Das Kunstwerk stellt die Sinnfrage vor; im Künstler geht es um das Selbst, seine kreative Fähigkeit, die sich auch am Anfang dessen zeigt, was als Technik bezeichnet wird.

Das einfache, naturalistische Erhalten des Lebens würde den Menschen nie „in das Wagnis der Technik treiben. Diese geht zutiefst auf etwas wesentlich anderes zurück als der Nestbau des Vogels... Die Tätigkeit des Tieres bringt... sehr hochstehende Gebilde hervor. Sie sind vollkommen vom ersten Anfang bis zuletzt; eben diese Vollkommenheit aber zeigt an, dass sie mit dem eigentlichen Schaffen nichts zu tun haben, denn ihre Vollkommenheit ist die der bloßen Natur... Was sie hervorbringen, sind gleichsam Fortsetzungen der Organe. Kein Menschenwerk erreicht diese Vollkommenheit – aber nicht, weil es weniger, sondern weil es mehr ist... Schaut man vollends die Phänomene der Technik als Ganzes an und läßt sich nicht durch den Trug der unmerklichen Übergänge den Blick verderben, dann sieht man, dass es auch aus dem durchhaus nicht ‚natürlichen' Willen hervorgeht, das gegebene Dasein aufzulösen, um ein neues zu bauen; eine Weltgestalt zu schaffen"[107], die sich in der anonymen Fortführung der Natur noch nicht im Einsatz befindet.

Man kann sagen, dass sich die Tiere darauf beschränken, das ‚Gesetz des Textes' auszuführen und anzuwenden. Diese These wird hier vorgeschlagen, um zu beschreiben, dass in der gesamten Ordnung des Nicht-menschlichen niemals irgendeine Form der Kreativität der Kunst erscheint, die in ihrem wichtigsten und symbolischen Moment fähig ist, dem ‚Text des Gesetzes' historisch unterschiedliche Formen zu verleihen, also dem ursprünglichen und schöpferischen Wiederaufnehmen der dialogischen Beziehung zwischen den Subjekten und dem Wort. Es wird noch einmal mit Humboldt behauptet: „jedes Ausgesprochene bildet das Unausgesprochene, oder bereitet es vor"[108].

Das Wort und die Sprache entfalten sich im Artikulieren der Diskursivität des Dialogs und zeigen, dass die Menschen, anders als die

---

[105] M. D. Hauser, *Moral Minds*, S. 316 (it. Übers. S. 306).

[106] Ebd., 425 (it. Übers. S. 415).

[107] R. Guardini, *Welt und Person*, S. 118-119.

[108] W. von Humboldt, *Über das vergleichende Sprachstudium in Beziehung auf die verschiedenen Epochen der Sprachentwiklung*, S. 4.

Tiere, sich nicht darauf beschränken, die Gesetze ihres biologischen Systems auszuführen.

Die Menschen riskieren die Sinnschöpfung, nicht weil sie Tiere sind, ‚die ihren Instinkt verloren haben', sondern weil sie eine Dimension haben, die über die naturalistische Wiederholung der biologischen Gesetze hinausgeht.

Sie sind Subjekte der Freiheit, die fähig ist, Hypothesen aufzustellen, sich der *reinen Forschung* zu verpflichten, die keine Fortführung der biologischen Operationen unmittelbar befriedigt, sondern diese im Gegenteil in Gefahr bringt, im Versuch, eine neue Konstruktion der Welt zu bilden und, was das Recht betrifft, im Versuch, neue Normen einzuführen bei der Bildung der Zukunft, die die temporale Hauptdimension des Sinns ist.

Jede Frage nach dem Sinn ist eine solche, weil sie die Bildung einer Hypothese anregen kann, die die Zukunft einleitet.

V
Sprache, reine Forschung und angewandte Forschung

Kaufmann nimmt die Unterscheidung zwischen Naturwissenschaften und Sozialwissenschaften wieder auf und damit den Unterschied zwischen den Sprachen dieser beiden Gebiete: Er besteht darauf, nach dem Unterschied und der Verbindung zwischen der Sprache der Welt des alltäglichen Lebens und der Sprache der Welt des Rechts zu fragen.

Es ist die Überzeugung dieses Autors, dass das Recht und die Menschen nicht auf dem alleinigen Weg der Naturwissenschaften und ihrer Rationalität angetroffen werden können; er erklärt: „das Recht steht... durchaus nicht voll auf der rationalen Ebene, eben weil der Mensch kein rein rationales Wesen ist und es daher auch nicht angeht, sein Verhalten rein rational zu beurteilen... Man mag die technische Rationalität bis zum äußersten perfektionieren, es wird immer ein Rest bleiben, und – schreibt Kaufmann – dieser Rest ist *Geist*“[109], wobei er mit diesem Terminus auch in die Richtung von Humboldt und seiner Untersuchungen der Sprache und des Sprachvergleichs weist.

Natürlich meint auch Kaufmann, dass für den Juristen die folgenden Dimensionen unverzichtbar sind: „Form, Abstraktion, Generalisierung, Begrifflichkeit“; ohne diese „könnte es keine Gleichbehandlung und also auch keine Gerechtigkeit geben“. Trotzdem wäre die Sprache des Rechts, wenn man in diesen Dimensionen bleiben würde, dazu verdammt, „den Ausschluß jeder Wirklichkeitsbeziehung [zu] bedingen“[110] und daher auch auf jede Beziehung zu der Sprache der alltäglichen Welt zu verzichten, wo die Beziehungen zwischen den Menschen geknüpft werden, die sich im Benehmen der einzelnen Personen konkretisieren und sicher nicht in abstrakten konzeptuellen Formalisierungen.

Die Verbindung zwischen der Sprache der Normen und der Sprache der intersubjektiven Beziehungen ist eine Verbindung, die den Zusammenhang zwischen dem *Text der Normen* und dem *Text der Koexistenz* wieder zum Thema macht, der sich bildet, wenn die Menschen in eine dialogische Beziehung treten, die die Dauer der diversen sozialen Systeme begründet.

Die Struktur und die Inhalte der Normen bilden kein Territorium, das eine Autonomie in Bezug auf die Angelegenheiten der menschlichen Alltäglichkeit erreichen könnte. Eine derartige Autonomie könnte positiv erscheinen als ein Zeichen einer erreichten Befreiung von den *a prioris-*

---

109 A. Kaufmann, *Recht und Sprache*, in: *Beiträge zur juristischen Hermeneutik*, S. 114.
110 Ebd., S. 114.

tischen, ideologischen, religiösen, kulturellen, usw. Konditionierungen. Dies könnte die ‚reine Lehre des Rechts' von Kelsen bedeuten. Konkret handelt es sich dagegen um eine Autonomie, die auf negative Weise den toten Worten angehört, die einen dumpfen Text bilden, der das konkrete Leben der Menschen nicht mehr antrifft.

Diese Gedanken werden mit Autorität von Kaufmann vorgeschlagen, wenn er die Zurechnungsfähigkeit des Menschen beschreibt und daher seinen Zustand der Beschuldigung, der sich in „einem *Kommunikationsprozeß*" zwischen dem Richter und dem Angeklagten konkretisiert. „Dabei geht dieser Kommunikationsprozeß nicht etwa nur einseitig vor sich, indem die umgangssprachlichen Vorstellungen des Täters in die Gesetzessprache übersetzt werden, vielmehr muß die Annäherung auch von der anderen Seite erfolgen, d.h. die fachsprachlichen Begriffe des Gesetzes müssen zur Alltagssprache des Täters hin geöffnet werden, aus den geschlossenen abstrakten Klassenbegriffen müssen offene, konkretisierte Typen werden"[111]. Die so beschriebene Entwicklung der kommunikativen Struktur des Prozesses zeigt, dass die *Sprache des Rechts* vom Richter beim Antreffen der *Sprache des alltäglichen Lebens* und also hauptsächlich beim Antreffen des zurechnungsfähigen und beschuldigten Subjekts behandelt wird.

Kaufmann lädt ein, den Grund der Anwesenheit der Laienrichter zu erfassen, die die Aufgabe erfüllen, *die Sprache und die Welt des alltäglichen Lebens* mit *der Sprache und der Welt des Rechts* in Verbindung zu setzen, wobei sie das Werk einer Mittlung vollziehen „zwischen dem rechtsunkundigen Laien und dem gelehrten Berufsrichter"[112]. So wird bestätigt, dass in den Sozialwissenschaften, also auch im Leben des Rechts, die Beurteilungen des Verhaltens der Menschen „selbstverständlich keine objektiven Tatsachen sind, in dem Sinn, dass man sie auch definieren könnte, ohne sich auf unser Wissen von der bewussten Absichtlichkeit der Betroffenen zu beziehen"[113].

Wollte man die menschlichen Beziehungen, die eine juristische Relevanz haben, nach den Modellen der Naturwissenschaften behandeln, so wie es Hauser und die Juristen-Funktionäre der Bioökonomie verlangen, dann müsste man feststellen, dass die sogenannte objektive, wissenschaftliche Kenntnis der menschlichen Handlungen es niemals erlauben würde zu verstehen, ob zwei Individuen „einen Tauschhandel oder einen Austausch vollziehen, ob sie in ein Spiel vertieft sind oder in einen Ritus. Wenn es uns nicht gelingt zu verstehen, welche Bedeutung die handelnden Personen ihren Handlungen zumessen, ist jeder Versuch, sie zu allgemeinen Normen zusammenzufassen, die ähnliche Situationen auf ähnliche Situationen beziehen, zum Scheitern verurteilt"[114]. Es würde auch keine

---

111 Ebd., S. 116.

112 Ebd., S. 117.

113 F. A. Hayek, *Mißbrauch und Verfall der Vernunft*, Salzburg, ²1979; (it.: *L'abuso della ragione*, Rom, 1997, S. 28 f.).

114 Ebd., S. 31.

Möglichkeit eines Übergangs von abstrakten Normen zu konkreten Fällen geben; es würde diese Brücke fehlen, die von der *Kunst des Juristen* gebildet wird und dem *Normtechniker* nicht zugänglich ist, der heute nach den Naturwissenschaften modelliert wird, die eine Biologie des Rechts unterstützen. Diese Biologie ist niemals daran interessiert, den ‚Sinn der Handlungen' zu erfassen und zu beurteilen, ihren Sinn für die Person, die sie in Freiheit wählt und ausführt. Die Naturwissenschaften sehen den Menschen nicht in seiner Besonderheit, „in diesem unerfahrbaren, unbeweisbaren, nicht objektivierbaren Etwas... das sich den experimentellen Wissenschaften entzieht", das heißt, sie treffen nicht auf den Menschen in dem, was typisch ist für „die Freiheit und was von ihr abhängt"[115], also in der Qualität der Handlungen, die im juristischen Urteil beurteilt werden.

Das Auffassen des Rechts als eine bloße soziale Technik, die nach den Mustern der Naturwissenschaften geformt werden kann, wenn man den Angaben folgt, die heute von Hauser gemacht werden, verwechselt und identifiziert die beiden Bereiche *Recht* und *Norm*. Wie Kaufmann schreibt: „Das Recht ist nicht gleichbedeutend mit der abstrakten, festgesetzen Norm, sondern es ist in erster Linie Akt, d.h. ein reales Geschehen unter den Menschen, das zwar der richtunggebenden Norm bedarf, jedoch nicht mit ihr identisch ist – wie ja auch ein Weg gewiß nicht als die Summe der ihn markierenden Wegweiser definiert werden kann"[116].

Kaufmann denkt hier, auch wenn er keine volle und ausformulierte Erklärung gibt, an das Konzept der ‚nomologischen Differenz'[117], die eben die Einheit und den Unterschied zwischen dem Recht und den Normen nennt.

In den Fakultäten der Rechtswissenschaft besteht die *reine Forschung* auch in der unerschöpflichen Arbeit an der Klärung des nomologischen Unterschieds zwischen Normen und Recht, während die *angewandte Forschung* sich in der Kenntnis und im funktionalen Behandeln der Normen erschöpft, die, wenn man sie in ihrer vorgeblichen Autonomie betrachtet, aber ihre anthropologische Entstehung und also ihren Sinn verdunkeln, und damit das unmögliche Berufsbild eines Juristen entstehen lassen, der sich in einer Welt bewegt, die aus Normen entsteht, die andere Normen produzieren. Das ist eine Welt, die nie von Menschen bewohnt wird und von ihrer Sprache, die ein Diskurs ist.

Diese Welt der Normen ohne Menschen aus Fleisch und Blut findet Ausdruck in der Verzerrung des Konzeptes vom Rechtsstaat, das Kelsen wie es seine ‚reine Rechtslehre' erfordert, „in ein sehr formales Konzept" verwandelt, „ein allen Staaten gebührendes Attribut, auch einem despotischen". Die Aufspaltung zwischen a) der Sprache und der Welt der Menschen und b) der Sprache und der Welt der Normen führt dazu, dass es

---

115 K. Jaspers, *Der philosophische Glaube*, München, 91988, S. 118.

116 A. Kaufmann, Die „res ipsa iusta". Gedanken zu einer hermeneutischen Rechtsontologie, in: *Beiträge zur juristischen Hermeneutik*, S. 59.

117 Vgl. mein *Senso e differenza nomologica*, Rom, 1993.

nur einen ‚Text des Gesetzes' gibt, der nicht durch seine Entstehungsregel erleuchtet wird, die das ‚Gesetz des Textes' ist. Das Resultat kann so beschrieben werden: „There are no possible limits to the power of the legislator and there are no ‚so called fundamental liberties'; and any attempt to deny an arbitrary despotism the character of a legal order"[118], endet damit, als eine lediglich ‚unwissenschaftliche', noch unreife Haltung dargestellt zu werden.

Hier wird also wieder bestätigt, dass das Wirken des Rechts darin besteht, die Verbindung zwischen dem ‚Gesetz des Textes' und dem ‚Text des Gesetzes' immer wach zu halten.

Die *erste* dieser beiden Dimensionen bildet die immer wieder neu beginnende Struktur der dialogischen Kommunikation in der Durchführung der juristischen Beziehungen; die *zweite* besteht in einer definierten Textform, die, wenn sie ihre Beziehung zu ihrer anthropologischen Entstehung verliert, gewiss eine Autonomie erreichen kann. Was das Recht betrifft, so scheint es, dass man die Autonomie, die für die ‚Reinheit' der Legalität typisch ist, erreichen kann. Im Bereich der menschlichen Angelegenheiten wird eine solche Autonomie dagegen zu einer Ansammlung von toten Worten, Instrumenten einer sozialen Technik, die von der dialogischen Diskursivität nur eine technisch-instrumentelle Dimension übrig lässt, die durch eine formale Leere gekennzeichnet ist, die der Macht des Stärkeren dient.

Die beiden hier immer wieder zitierten Dimensionen des ‚Textes' werden von Humboldt vorgestellt, wenn er zeigt: „der durch die Sprache bedingte Mensch wirkt aber wieder auf sie zurück" oder schreibt von einem konsolidierten Text ausgehend einen Text ein, der sich langsam konsolidiert. Dort wird behauptet: es „leuchtet... klar ein, dass die Sprachen nicht eigentlich Mittel sind, die schon erkannte Wahrheit darzustellen, sondern weit mehr, die vorher unerkannte zu entdecken"[119]. Die Untersuchung des Lebens der immer in Verbindung stehenden beiden Sprachen – derjenigen der Welt des Rechts und derjenigen der Welt des alltäglichen Lebens der Menschen – erklärt, dass das Leben der Rechtssprache nicht dem Gebrauch des Rechts in seiner angeblichen ‚Reinheit' dient, von der Qualität der menschlichen Angelegenheiten losgelöst, sondern dazu dient, eine noch unbekannte Wahrheit zu entdecken, nämlich die freie Orientierung der menschlichen Subjektivität, die in ihrer juristischen Verantwortung angetroffen wird, in der Zurechenbarkeit ihrer freien Absichten.

Humboldt beschreibt zwei mögliche Verwendungsformen der Sprache: „so lässt sich der eine der wissenschaftliche, der andre der rednerische nennen. Der erstere ist zugleich der der Geschäfte, der letzere der des

---

118 F. A. VON HAYEK, *The constitution of liberty*, Chicago, 1960, S. 348.

119 W. VON HUMBOLDT, *Über das vergleichende Sprachstudium in Beziehung auf die verschiedenen Epochen der Sprachentwiklung*, S. 25-26.

Lebens in seinen natürlichen Verhältnissen“[120]. Auf dem Weg des Gebrauchs im Handel herrscht die technische und funktionale Dimension der Sprache vor; zweitrangig bleibt die Aufmerksamkeit gegenüber der Subjektivität der Sprecher, gegenüber ihrer Qualität als Autoren, die frei sind in der Ausbildung ihrer eigenen existentiellen Identität. Die ‚technische‘ Struktur der Sprache offenbart sich für Humboldt als dazu prädestiniert, die technisch-kommerzielle Ebene zu überwinden, um sich zu den „höchsten geistigen Zwecken“[121] zu entwickeln.

In der Sprache des Juristen erleuchtet das Ziel des Rechts den Zweck der Normen.

Sowohl die Auswahl der Inhalte der sozialen Systeme, also auch der Normen, die eine positive juristische Ordnung bilden, als auch die Interpretation der Normen, die so instituiert wurden, sind keine Aktivitäten, die auf die *angewandte Forschung* beschränkt bleiben können, die sich im ‚Text des Gesetzes‘ erschöpft, das den Menschen als ein Exemplar unter den Exemplaren behandelt. Es sind im Gegenteil Aktivitäten, die das grundlegende Aufnehmen der *reinen Forschung* anregen, die sich mit den Fragen des ‚Gesetzes des Textes‘ beschäftigt, das dem Menschen in seiner besonderen Verfassung gehört: Eine *‚separate Welt‘* zu haben, die nicht aus der Lebensumgebung besteht, die mit den anderen Exemplaren der menschlichen Spezies geteilt wird, sondern in der Einzigartigkeit der Welt des einzelnen Rechtssubjekts: Müller, Meyer, usw.

In den Fakultäten der Rechtswissenschaft privilegiert die Ausrichtung der kontemporären Verfassung die sogenannte *angewandte Forschung* und bildet die vielfältigen, spezialisierten Figuren der *Normtechnologen*, die heute für die unterschiedlichen Aktivitäten der *Markttechnologen* gebraucht werden. Die Handelsrelationen erweisen sich als das Modell für alle menschlichen Beziehungen und also für alle juristischen Beurteilungen: Der Preis nennt den ökonomischen Nutzen, der als absolutes Maß akzeptiert wird; die klassischen Denker würden sagen: akzeptiert als messendes Maß, das nicht gemessen wird.

Die Muster des ‚Handelsrechts‘ verabsolutieren sich und durchdringen den Bereich des Strafrechts, des Verfassungsrechts, des Arbeitsrechts, usw. Zunehmend wird dem Recht nur zugeschrieben, was in der numerischen und monetisierenden Sprache des Marktes ausgedrückt werden kann: „die *Zahl* als perspektivische Form“[122] setzt sich durch und gewinnt.

Die Verdrängung der *reinen Forschung* entfernt auch das volle Bewusstsein, dass wir uns momentan schon im Übergang von einer technisch-merkantilen zu einer de-materialisierten Ökonomie befinden, die das langsame Hervortreten einer qualitativ-symbolischen Ordnung

---

[120] W. von Humboldt, *Über das vergleichende Sprachstudium in Beziehung auf die verschiedenen Epochen der Sprachentwiklung*, S. 29.

[121] Ebd., S. 34.

[122] F. Nietzsche, *Nachgelassene Fragmente*, in *Sämtliche Werke*, Bd. 11, S. 650.

gegenüber einer quantitativ-realen Ordnung[123] verzeichnet, die von den verschiedenen Modalitäten der angewandten Forschung behandelt wird und heute im Dienst der Bioökonomie steht, die sich für ein Instrument des *biologischen Vorteils* hält, wie die nach den Modellen der Naturwissenschaften gebauten Konstruktionen behaupten.

Wenn man die Formulierung von Buber verwendet, dann kann man sagen, dass sich die reine Forschung hier schon zeigt: „der Mensch distanziert die Dinge, die er in Gebrauch nimmt, er schickt sie in eine Selbstständigkeit, in der die Funktion Dauer gewinnt, er reduziert und potenziert sie zu Trägern der Funktion"[124]. Hier beschränkt sich der Mensch nicht nur darauf, die Dinge zu benutzen, sie als Werkzeuge zu bauen, als Instrumente, sondern transformiert die Objekte in Funktionsträger, die so eine konzeptuelle Autonomie erreichen, die von dem unmittelbaren Gebrauch unabhängig ist. Was das Recht betrifft, so bringt das mit sich, dass der Jurist sich nicht darauf beschränkt, die Normen nach dem Muster einer *angewandten Forschung* zu benutzen, sondern sich von ihnen distanziert und so das Bewusstsein erlangt, dass die Normen eben dadurch, dass sie in einem ‚Text des Gesetzes' eine funktionale Autonomie erlangt haben, mehr bedeuten, als sie sind, ein *Plus* gegenüber ihrem Gebrauch verzeichnen, weil sie von ihrer nicht faktualischen sondern anthropologischen Entstehung erleuchtet werden und einen Sinn als ‚Gesetz des Textes' erlangen, der die *reine Forschung* aktiviert. Die Fragen nach dem *Ursprung des Rechts* sind also unvermeidbar[125]; auch wenn sie diese beiden gegensätzlichen Definitionen erreichen können: *faktualisch* oder *anthropologisch*.

Der von ihrer Beziehung zu ihrer *anthropologischen Entstehung* losgelöste *Gebrauch* der juristischen Normen bildet einen Zustand analog zu dem des Menschen, der sein ‚Ich' in ein ‚*Mich*' verwandelt, also den einer Objektivierung, die den Menschen in die Verfassung jedes anderen Gegenstandes oder jedes anderen Lebewesens versetzt. Hier „macht sich" diese existierende Person „selbst zum Objekt"[126].

Wenn das ‚Mich' das ‚Ich' ersetzt, dann bleiben dem Menschen nur die verschiedenen Modalitäten seines Funktionierens in Bezug auf den Erfolg der Operationen der Bioökonomie. Der Mensch ist nicht mehr mit der Welt verbunden, sondern verbraucht sich, während er sich auflöst, so wie eines der funktionalen Elemente einer Region der Welt; heute wie ein Element des ‚Marktsystems'.

Diese Betrachtungen werden vertieft, wenn man beschreibt, dass der Mensch stattdessen in die behandelten Dinge, also auch in die Normen, einen „symbolischen" Sinn einschreibt, ein „Bildzeichen ihnen seine

---

123 Vgl. P. Koslowski, *Die Ordnung der Wirtschaft*, Tübingen. 1994, S. 91 ff.; P. Koslowski, B. P. Priddat, *Ethik des Konsums*, München, 2006; A. Sen, *On ethics and economics*, Malden, 2004.

124 M. Buber, *Urdistanz und Beziehung*, S. 418.

125 Vgl. G. Radbruch, *Rechtsphilosophie*, S. 129.

126 F. Ebner, *Das Wort und die geistigen Realitäten*, S. 131.

Beziehung zu ihnen eingibt"[127]. So eingeschrieben bildet dieses Siegel ein ‚Symbol', weil es über die Verwendbarkeit eines Gegenstands oder eines technisch-instrumentellen Apparats hinausgeht, es besteht in dem Anfang der diskursiven Beziehung der Menschen zu den behandelten Dingen – auch zu den Normen –, die also nicht nur das Material einer Aneignung und eines Gebrauchs sind, sondern erleuchtet werden von der Wiederaufnahme der *dialogischen Kommunikation*, die sich bildet zwischen den Sprechern, die auf einen solchen Gegenstand treffen.

Man wird nicht nur aufgefordert, *den Sinn auf einen schon gebildeten Gebrauch anzuwenden*, in der eben in die Normen eingeschriebenen Bedeutung, sondern die Verpflichtung zu fühlen, *einen sich bildenden Sinn einzuschreiben*, der sich als solcher von jedem definierten Gebrauch unterscheidet, weil er keine unpersönliche Reaktion auf die unmittelbaren Lebensbedürfnisse der biologischen Systeme ist, sondern die kreative Öffnung zu einem neuen Leben, das Werk der Hypothesenbildung, die ausschließlich menschlich ist und die reine Forschung bildet, die in der hermeneutischen Kunst des Juristen lebt.

In der Unmöglichkeit sich auf den einfachen *Gebrauch* der Normen zu beschränken, auf den ‚Text des Gesetzes', ist der Jurist ein solcher, wenn er sich nicht in der angewandten Forschung erschöpft, die für die unterschiedlichen spezialisierten Bereiche des positiven Rechts typisch ist, sondern im Gegenteil erfasst, dass die *anthropologische Entstehung* der Normen, das ‚Gesetz des Textes', eine grundlegende Auswirkung auf die Behandlung der Normen hat, sicher nicht als bloßes Konsummaterial. Man erreicht das Bewusstsein, dass die Normen nicht dem Erfolg der Bioökonomie verpflichtet sind, die heute das Recht wie einen *Self-Service*[128] strukturiert, ein Marktinstrument, wie die Vorherrschaft der *Delokalisierung des juristischen Urteils* zeigt, das durch seine Adaptation an einen „Markt der Legislationen"[129] der *Delokalisierung der Produktion und des Konsums* folgt. Das ist das Ergebnis, das sich bei der Beobachtung zeigt, dass die multinationalen wirtschaftlichen Netze so wie sie einen Ort wählen, wo sie zu einem günstigeren Produktionspreis produzieren, genauso auch das Recht dieses Ortes wählen, das ihrem ökonomischen Vorteil besser nutzt, in voller Gleichgültigkeit gegenüber der Auswirkung derartiger Positionen auf die Beziehung der Menschen untereinander, zwischen demjenigen, der die Produktion kontrolliert und demjenigen, der als Element der Produktion und des Konsums verwendet wird. So wie die Kinderarbeit verwendet wird, indem man die Produktion dort hinverlegt, wo dieser ‚Brauch' durchführbar ist, so werden die juristischen Ordnungen jener Länder verwendet, die nicht die Grundrechte der Arbeiter garantieren.

---

127 M. BUBER, *Urdistanz und Beziehung*, S. 418.

128 Vgl. P. LEGENDRE, *Sur la question dogmatique en Occident*, Paris, 1999, S. 67.

129 A. SUPIOT, Per una critica del darwinismo normativo, in: *Rivista delle politiche sociali*, n. 2, 2006, S. 190.

Die Fakultäten der Rechtswissenschaft verabsolutieren die *angewandte Forschung*, weil sie die *reine Forschung* als unwesentlich betrachten und den Unterschied zwischen den *biologischen Systemen der Tiere* und den *juristischen Systemen der Menschen* immer unwesentlicher machen, zwischen dem *ersten Leben*, das für die andauernden vitalen Operationen typisch ist, und dem *zweiten Leben*, das für die Einführung einer über-biologischen Ordnung der Jurisdiktion typisch ist. Die soeben besprochene Verwendung von Kinderarbeit wird als Biologisierung der Arbeitsbedingungen eingeführt; es werden die günstigsten Lebensenergien für die Produzenten benutzt, die Träger einer stärkeren Kraft.

Auf diese Weise verfolgt man bewusst oder unbewusst den hier vorgestellten aber nicht geteilten und von der Perspektive von Hauser vorgezeichneten Weg, der die Überwindung „der Erklärung der Einzigartigkeit der Menschen" für möglich hält, die aus kulturellen Haltungen entstanden sein sollen, die den komparativen Studien „über andere Tiere"[130] wenig Aufmerksamkeit geschenkt haben sollen und jedenfalls nicht gemäß den Methoden der „Naturwissenschaften"[131] durchgeführt worden sein sollen.

Wenn man die durch das Auslöschen der sogenannten ‚Erklärung der Einzigartigkeit der Menschen' erforderten Implikationen konsequent verfolgt, dann müssten die Juristen auch den Unterschied zwischen dem ‚Gesetz des Textes' und dem ‚Text des Gesetzes' eliminieren, weil es sich um eine den Menschen eigene Unterscheidung handelt, die im Reich der nicht-menschlichen Lebewesen nicht vorkommt. So müssten die Juristen aber, wenn sie rigoros sind, gezwungen sein, die Dimension der Überparteilichkeit auszuschließen, damit dann nur in der Dimension der *Dualität* bleiben, und müssten also daran arbeiten, dass die Konflikte nach dem Gesetz der dualen Beziehungen eine gesetzmäßige Lösung finden, die in allen biologischen Systemen das Herrschen des Lebens mit mehr Leben, der Kraft mit mehr Kraft konkretisiert, jenseits der Opposition von Gerechtigkeit und Ungerechtigkeit. Beispielsweise die Verwendung der Kinderarbeit würde anwachsen, egal ob die Qualität dieser Beziehungen ‚ungerecht' ist.

Mit der Vernichtung der ‚Erklärung der Einzigartigkeit der Menschen' müsste man aufhören zu behaupten, dass *sowohl* „das Bedürfnis, zwischen Gerechtigkeit und Ungerechtigkeit zu unterscheiden, ein Unterschied zwischen dem Menschen und den anderen Tieren ist"[132], *als auch*, dass zu der Zeit, die Sokrates vorausgeht, „die Intuition der Gerechtigkeit in dieser Gesellschaft lebte, bevor eine Formel gesucht wurde, um sie rational zu formulieren. Nachdem es an einer Definition fehlte, wurde sie nicht in Normen übersetzt. Sie konnte… als ästhetische Erfahrung im

130 M. D. Hauser, *Moral Minds*, S. 316 (it. Übers. S. 306).

131 Ebd., S. 425 (it. Übers. S. 415).

132 L. Zoja, *Giustizia e bellezza*, Turin, 2007, S. 7.

tragischen Theater der Gesellschaft geschenkt werden“[133]. Das geschah mit der *Antigone* von Sophokles.

Die Überparteilichkeit strukturiert das Recht und hat ihre Wurzel in dem ‚Gesetz des Textes‘, das die dialogische Konfiguration der Kommunikation der Menschen als sprechende Subjekte bildet, Autoren eines *Sagens – Sich-sagens*, das sein Gebiet in einem *dritten Raum* findet, dem des Sendens und Empfangens, des Wortnehmens, das von jedem einzelnen Subjekt ausgeübt wird. In diesem Raum entstehen die Figuren des überparteiischen Gesetzgebers, des überparteiischen Richters und der überparteiischen Polizei, die ausgezeichnet sind durch ihre Überparteilichkeit, weil sie ständig durch die Überparteilichkeit *des Logos* genährt wird, der eingeht in die historische Tatsächlichkeit als *Dreidimensionalität des Nomos: Das Recht ist strukturiert wie die Sprache, die ein Diskurs ist.*

Wenn die Einzigartigkeit der Menschen ausgelöscht wird, also die dialogische Diskursivität, die von der Dreidimensionalität-Überparteilichkeit des ‚Gesetzes des Textes‘ diszipliniert wird, bleibt als einzige Dimension die des ‚Textes des Gesetzes‘, das gerade in der Bestätigung der Negation der Einzigartigkeit der Menschen die Animalisierung der menschlichen Beziehungen ratifiziert, die vom Gesetz der biologischen Systeme geregelt wird. Somit werden die Thesen von Nietzsche über das Nichtexistieren *sowohl* der moralischen Phänomene *als auch* der juristischen Phänomene bestätigt, die beschrieben werden als bloße biologische ‚Interpretationen‘ biologischer Phänomene, also immer und ausschließlich als Operationen der Bioökonomie.

Diese Schlussfolgerungen von Nietzsche nehmen die vorher diskutierten und aus den Analysen von Hauser hervorgegangenen Folgerungen hinsichtlich der ‚Kooperation‘ und der ‚Wiederversöhnung‘ unter den auch nicht-menschlichen Lebewesen vorweg. Gegen solche Schlussfolgerungen macht die Aufforderung von Buber Sinn, man solle bedenken, dass „in einem Insektenstaat... das System der Arbeitsteilung nicht bloß jede Variation, sondern auch jede im genauen Sinn individuelle Zuerkennung einer Funktion aus[schließt]“, „in der menschlichen Gesellschaft [dagegen], fallen ihre Stufen [auf], bestätigen die Personen, in irgendeinem Maße, einander praktisch in ihrer persönlichen Beschaffenheit und Befähigung, und man darf eine Gesellschaft in dem Masse eine menschliche nennen, als ihre Mitglieder einander bestätigen“[134].

Das ‚Sich-gegenseitig-Bestätigen‘ ist die Anerkennung der persönlichen Fähigkeiten jedes einzelnen Menschen, in seiner Besonderheit als Mensch, also in seiner nicht einfachen Verwendung, die stattdessen die ‚Kooperation‘ und die ‚Wiederversöhnung‘ auszeichnet, die im Fortführen und Anwachsen der unpersönlichen Lebensformen der nicht-menschlichen Lebewesen praktiziert werden. Das ‚gegenseitige Sich-Bestätigen‘

---

133 Ebd., S. 17.

134 M. Buber, *Urdistanz und Beziehung*, S. 419.

vollzieht sich jedesmal in Anerkennung der Einzigartigkeit der Person, dieses ‚Ichs', das leidet, wenn es als fungible Größe behandelt wird, als funktionales Element, das von einem anderen Element ersetzt werden kann, wobei es zum bloßen *‚juristischen Patient'* wird, dem gewaltsam das *‚juristischer Agent'*-Sein genommen wurde, Subjekt einer existenziellen Identität, die sich immer in Ausbildung befindet und nicht mit den kommerzialisierten Produkten auf dem Markt[135] verwechselt werden darf, der heute tendenziell zur *„Grundnorm* jeder juristischen Ordnung" geworden ist[136].

Der Mensch zeigt die *Sorge um Legitimation*, oder die Erwartung in seiner schöpferischen Einzigartigkeit gesehen zu werden, die überrascht, Bewunderung hervorruft und die, in unterschiedlichsten Situationen, einen Zustand der Distanz von dem physiologisch naturalistischen Verlauf der biologischen Systeme erzeugt, und fordert, dass die erklärte ‚Würde des Menschen' nicht in der unpersönlichen ‚Würde der menschlichen Art' aufgelöst wird. Die Würde des Menschen erhellt sich, auch in ihrer juristischen Dimension, wenn man sich auf das „Drama des einzelnen Individuums" besinnt, „eines Exemplars unter Exemplaren" aber trotzdem einzigartig unter den Mitgliedern der verschiedenen biologischen Systeme, unterschieden von allen nicht-menschlichen Lebewesen, weil es „auch für sich selbst eine eigene Welt bildet"[137], seine Welt – die von Müller, Meyer, usw. – die nicht mit der abstrakten Welt der menschlichen Spezies verwechselt werden darf.

In den Fakultäten der Rechtswissenschaften wird die anfängliche Priorität der *reinen Forschung* bestätigt, die sich in der immer neuen Wiederaufnahme des ‚Gesetzes des Textes' zeigt, das nicht dazu bestimmt ist, sich im Dienst eines bestimmten bioökonomischen Bedürfnisses zu erschöpfen, das funktional von dem ‚Text des Gesetzes' behandelt wird, der einen geschlossenen Bereich bildet, den der *angewandten Forschung.*

Die reine Forschung beruft den Juristen zur unerschöpflichen Kunst der Interpretation der *nomologischen Differenz*, die die Einheit und den Unterschied ausmacht zwischen der *Sprache und der Welt der Normen*, die in einem Text fixiert sind, und der *Sprache und der Welt des Rechts*, die sich immer bildet bei der Konkretisierung der Rechtlichkeit.

---

135 Vgl. A. SEN, *Die Identitätsfalle: Warum es keinen Krieg der Kulturen gibt*, München 2010, it. Ausg., S. 23.

136 A. SUPIOT, *Per una critica del darwinismo normativo*, S. 188.

137 E. BONCINELLI, *Il male. Storia naturale e sociale della sofferenza*, S. 165.

VI
Logos *und* Biós

Wir befassen uns erneut mit dem Unterschied zwischen der *Welt des Menschen* und der *Umgebung der Tiere,* der diskutiert wird, indem wir die von Buber, Kaufmann, Boncinelli und Hauser beschrittenen Wege gehen.

In der *menschlichen Welt* drückt sich aus, dass das ‚Gesetz des Textes der Text des Gesetzes ist' und also die normativen Inhalte des Textes auswählt und regelt; man wird sich aber bewusst, dass auch der bloße *Gebrauch* eines ‚Textes' übrig bleiben kann, der nicht von seiner anthropologischen *Entstehung* vermittelt wird, das heißt, dass es den ‚Text des Gesetzes' ohne die Erleuchtung durch das ‚Gesetz des Textes' geben kann. Im juristischen Denken und in der Arbeit des Juristen kann sich das Vorherrschen einer *angewandten Text-Forschung* konsolidieren, die nicht von der *reinen Forschung über die Hypothesen eines Textes* erhellt wird, also über seine *Entstehung* und über seine *Interpretation.*

Bei diesem Zustand werden Normen produziert und angewendet, in irgendeinem ‚Text des Gesetzes' geäußert. Eine derartige Produktion-Anwendung hat aber keinen wesentlichen Bezug auf die Besonderheit des Menschen und auf die Qualität der menschlichen Beziehungen. Es wird ein normatives System aufgebaut, wo die *Normen anderen Normen dienen, ohne irgendeinen Bezug auf die Entstehung dieser Normen, die nicht in den Normen liegt, sondern im Menschen*, und es wird von dem ‚Gesetz des Textes' präsentiert, das die Menschen radikal von den Tieren trennt, die von dem Gedächtnis biologischer Systeme geregelt werden. Es sind jene Systeme, die nichts mit dem ‚Gesetz des Textes' zu tun haben, das ausschließlich der Ausübung der Sprache und des Diskurses vorbehalten ist und sich in der *Dreidimensionalität* des Dialogs (*logos*) entwickelt und nicht in dem Fließen von vitalen Informationen (*bios*), das zwischen zwei entgegengesetzten Polen einer *Dualität* stattfindet: dem Mehr-leben und dem Weniger-leben, der stärkeren und der weniger starken Kraft.

Der *logos* hat eine dreidimensionale Struktur, die die juristische Überparteilichkeit konfiguriert; der *bios* präsentiert sich in der dualen Struktur – entweder der einen oder der anderen Form des Lebens – und schließt sich gemäß der stärkeren Kraft, der einer *Partei*, so wie es für das Leben mit mehr Leben typisch ist und sich in der Modalität des vom Markt geregelten Mehr-habens konkretisiert. Bei der Animalisierung der Menschen, die von der Vorherrschaft der Modelle der *Naturwissenschaften* gewollt wird, die die *Sozialwissenschaften* durchdringen, wird die *Wirtschaft* als ein entpersonalisiertes Symptom der *Biologie* dargestellt, die Bioökonomie, die das Recht als eines ihrer Instrumente benutzt.

Die progressive Transformation des Rechts in eine Technik, die die Operationen der Bioökonomie legalisiert, erfordert es dennoch zu beachten, dass auch jede Modalität der Technik trotz allem eine wesentliche Präsenz des Menschen zeitigt. Bei den Tieren kann man nur Dinge = Instrumente beobachten, wie im Fall der Affen, die – wie Buber bemerkt – „einen gefundenen Stein... um Nüsse aufzuklopfen [benutzen]; aber sie stellen keins dieser für den Augenblick zu Gerät gewordenen Dinge beiseit“, sie „bekommen aber nie ihren Platz in einer Welt“[138], nicht einmal in der Welt der Technik, die also exklusiv den Menschen gehört.

Der qualitative und nicht bloß graduelle Unterschied zwischen den Menschen und den Tieren klärt daher, dass selbst der Horizont der Technik, auch wenn er sich auf einen instrumentellen Gebrauch des Rechts und der Normen bezieht, einen Sinn hat, der sich nicht auf die unpersönliche Funktionalität der technischen Operationen beschränken lässt.

Buber fragt sich: „kann der Direktor eines gigantischen technischen Unternehmens ‚eine dialogische Verantwortung ausüben'?“ Die Frage in ihrem weitesten Kern führt zu der Überlegung, dass bei jedem Gebrauch der Technik – von den reproduktiven Aktivitäten bis zu den Aktivitäten, die den Menschen in der Alltäglichkeit der Welt des Rechts und seiner Normen beschäftigen – „die Zwiesprache... keine Angelegenheit des geistigen Luxus und der geistigen Luxure [ist]“[139], sondern *wesentlicher Raum der Suche nach dem Sinn*. Dieser Raum liegt weder in den Dingen noch in den technischen, auch techno-juristischen Operationen, sondern er zeigt sich im Ich jedes einzelnen Sprechers, darin, dass er bemerkt, dass es um ihn selbst geht, so wie es auch um das andere Subjekt der diskursiven Kommunikation geht, die juristisch diszipliniert wird von der Alltäglichkeit des Sich-aufeinander-Beziehens.

Auch der von der Organisation der technischen Produktion beanspruchte Mensch „übt sie, wenn er sich den von ihm geleiteten Betrieb, soweit es angeht, quantum satis, in dessen Konkretheit vergegenwärtigt; wenn er ihm, statt als ein Gefüge aus mechanischen Kraftzentren und deren organischen Bedienern, zwischen welch letzeren es für ihn ausser der funktionellen Differenzierung keine gibt, als einen Zusammenhang gesichthabender, namenhabender, biographiehabender Personen erfährt, verbunden durch ein Werk, das sich in den Leistungen eines komplizierten Mechanismus darstellt, aber nicht aus ihnen besteht“[140]. 83

Die Arbeit der Menschen ist kein Produkt der Produktion, sondern bildet ihre Entstehung; sie ist kein Gut des Marktes, sie gehört einem Ich, nicht einer Sache oder einer bio-mechanischen Entität.

---

[138] M. BUBER, *Urdistanz und Beziehung*, S. 417.

[139] Ebd., *Zwiesprache*, in: *Werke*, Erster Band, *Schriften zur Philosophie*, München, 1962, S. 210.

[140] Ebd., S. 212.

Diese Überlegungen verlangen eine verantwortliche Untersuchung der *Welt des Rechts und der Normen*, die in Bezug tritt zu der *Welt der alltäglichen Existenz der Menschen*, auch unter Berücksichtigung der technisch organisierten Produktionsaktivitäten.

Das geltende Recht ist nicht einfach eine Menge von Mechanismen, eine Ansammlung von normativen Techniken, die der Produktion und dem Konsum der Modelle eines sozialen Funktionalismus dienen; es präsentiert sich nicht nur in jener Form, die sich an der *angewandten Forschung* orientiert, sondern es will kontinuierlich von der Wiederaufnahme der *reinen Forschung* animiert werden, die dadurch entsteht, eine Sinnhypothese zu bilden.

Wenn er auch in einer Menge von wirksamen und geltenden Normen existiert, ist der Mensch doch nie das Resultat dieser Menge, er ist keine zweitrangige und untergeordnete Phase in Bezug auf die Prioriät der Phasen, die dem Produzieren und Anwenden der Normen angehören. Er ist stattdessen der Ursprung der Normen, so wie er der Ursprung des Wortes und des Sinninhalts ist, der dadurch in den kommunikativen Beziehungen zirkuliert.

Im Übrigen erreicht keine technische Bildung je eine sprechende Subjektivität. Die Techniken äußern keine Worte und senden sie nicht aus, wobei sie sie in ihrem Unterschied zu den Zahlen hüten. Die sogenannte Sprache der Technik funktioniert umso besser, je mehr sie sich von der *mehrdeutigen Struktur des menschlichen Wortes* entfernt, um stattdessen die *eindeutige Dimension der Zahl* zu erreichen; eine so der Technik homogen gewordene Sprache ist „gerade wegen ihrer Eindeutigkeit, nicht mehr zur Kommunikation und zur Beschreibung des Lebens [geignet], weil sich diese zwischen verschiedenen Menschen und über verschiedene Erfahrungen abspielen muß“[141].

Es gelten die Beobachtungen von Buber, die dazu einladen, darüber nachzudenken, wie selbst der technologische Fortschritt Leben durch die ästhetische „Vorstellungskraft“ erhält, die ständig in der dialogischen, hypothesenbildenden Beziehung wieder neu entsteht. Wenn diese ausschließlich künstlerische und nicht technische Dimension fehlt, wird selbst die Welt der technischen Operationen eine tote Realität. Dann bemerkt man das Bedürfnis, „es gilt der pantechnischen Sucht oder Gewohnung zu entsagen, die mit jeder Situation ‚fertig wird‘“[142], wobei man sich einbildet, ein *totales Wissen* erreichen zu können.

Sowohl in der Sprache der Welt des Rechts und der Normen als auch in der Sprache der alltäglichen Beziehungen der Menschen, bildet das ‚Ich‘ nicht einfach ein funktionales Element einer sogenannten Technik der Wörter.

---

141 A. Kaufmann, *Recht und Sprache*, in: *Beiträge zur juristischen Hermeneutik*, S. 110.

142 M. Buber, *Zwiesprache*, in: *Werke*, Erster Band, *Schriften zur Philosophie*, München, 1962, S. 214.

Das Recht zeigt, dass man, wenn man das ‚Ich' nennt, den Menschen in der Ausübung seiner Verantwortung nennt, das zurechnungsfähige Subjekt, ‚wer' der freien Willkür[143]. Die Alltäglichkeit des Rechts zeigt, dass das ‚Ich' des Menschen nicht einfach eine Art passiver und unschuldiger „‚Zuschauer' beim Ablauf seines Lebensprozesses auch des Weltgeschehens [ist], in das seine Existenz eingebettet und verflochten erscheint"[144].

Der Mensch, auch der Jurist, kann sein ‚Ich' nicht wie ein unter die anderen Elemente der Welt gemischtes Element behandeln; es „gelingt die Objektivierung des Lebensproblems nicht restlos, weil ja die Problematizät des Lebens in dessen Subjektivität liegt"[145].

Diese Betrachtungen bestätigen die Unmöglichkeit, dass der Mensch und seine Welt in dem als *soziale Technik* aufgefassten Recht verstanden werden kann, das nach den *Naturwissenschaften* gebildet wurde, weil man da, wo sich eine Technik konkretisiert, eine Objektivierung hat, aber das Ich des Menschen ist kein Material für eine Objektivierung; im Gegenteil zeigt es sich in seiner Verantwortung und Zurechnungsfähigkeit, gerade weil es mit ihnen die nicht objektivierbare Ausübung seiner Freiheit manifestiert. Auch der wegen Mord verurteilte, hat ein Ich, das man nicht objektivieren und wie eine Sache oder eine biologische Entität fixieren kann, weil der Weg für eine mögliche Wiederaufnahme seiner Existenz immer offen bleibt, durch Reue, die einen Plan einer anderen Präsenz in der mit den anderen geteilten Welt öffnet. Die Dinge und die nicht-menschlichen Lebewesen vollziehen keinen Akt der Reue, der der Vergangenheit einen neuen, anderen Sinn zuschreibt.

Die Naturwissenschaften können die Kunst des Rechts nicht ersetzen, die den Menschen nicht als ein physisch-biologisches Element versteht, sondern sich ihm als Urheber der Gründe seiner Handlungen nähert, die in einer existenziellen Identität manifestiert werden, welche sich immer in Ausbildung befindet.

Weil sie sich nach der Mathematik ausbilden, tendieren die verschiedenen Entwicklungen der Naturwissenschaften dazu, sich in Formeln zu präsentieren, „denen jede Wortwerdung versagt ist" und die am Ende die „Sehnsucht nach der Sprache"[146] selbst auslöschen, die bereit ist, die konstituierenden Figuren jenes *Sagens*, das sich als ein *Diskurs* entwickelt, wieder aufleben zu lassen, wobei das *Ich* sich verpflichtet, sich an ein *Du* zu wenden und es in der Reziprozität der dialogischen Kommunikation anzuhören, also in dem wesentlichen Szenarium eines *dritten Raums*, der weder von dem Ich noch von dem Du beherrscht wird, sondern für ihr gemeinsames und kontinuierliches Wachsen im Dialog offen ist.

---

143 Vgl. I. KANT, *Die Religion innerhalb der Grenzen der bloßen Vernunft*, Könisberg 1794, I, 8-9.

144 F. EBNER, *Das Wort und die geistigen Realitäten*, S. 99.

145 Ebd., S. 101.

146 Ebd., S. 155.

„Das Wort – schreibt Ebner – hat uns erlöst aus dem Kerker unsrer Icheinsamkeit und vom Tod zum Leben auferweckt“[147].

Man kann den Unterschied zwischen der biologischen Ordnung und der dialogischen Ordnung, also zwischen *bios* und *logos*, verstehen, wenn man die Beziehung zwischen *Notwendigkeit* und *Möglichkeit* betrachtet und zeigt, dass *nur die menschlichen Beziehungen die Dimension der Möglichkeit aufweisen, während die tierischen Verhältnisse nur die Dimension der Notwendigkeit zeigen, die sich flexibel mit den Eventualitäten kombiniert.*

Die *Möglichkeit* besteht in der Ausübung der Freiheit und ist nicht auf eine *Eventualität* reduzierbar, die in ihrer vollen Kontingenz geschieht, aber nicht mit einer bewussten und also zuschreibbaren Verantwortung gewählt wird. Noch einmal wird hier also geklärt, warum man nur Recht nennen kann, was sich als Ausübung der Möglichkeit präsentiert, also nur bei den Menschen. Beim Rest des Nicht-menschlichen geschehen Kombinationen von Notwendigkeit und Kontingenz, die, weil sie der freien und verantwortungsvollen Wahl fremd sind, niemals die Zurechnungsfähigkeit bedingen, die die Verantwortung des einzelnen Menschen für seine Handlungen vor einem dritten, der überparteiisch beurteilt, bildet.

Die Möglichkeit ist jedoch keine solche, wenn sie sich als die Ebene beschreiben lässt, auf der alles möglich ist. *Am Anfang der Möglichkeit der sprechenden Subjekte steht das ‚Gesetz des Textes‘, also die dreidimensionale-dialogische und nicht in der diskursiven Kommunikation verfügbare Struktur.* Mit den Wörtern von Kierkegaard kann man sagen, dass das ‚Gesetz des Textes‘ eine Dimension der ‚Notwendigkeit‘ bildet, weil der Mensch über sie keine Verfügung hat, sie nicht als Element der Möglichkeit betrachten kann, die auf einem in jede Richtung offenen Weg gebildet wird[148].

Der ‚Text des Gesetzes‘ zeigt jedes Mal eine mögliche Interpretation des ‚Gesetzes des Textes‘, aber er hat niemals eine absolute Disponibilität darüber, oder eine definitive Formulierung. Im konkreten Zusammenleben bildet sich jeder Text, indem er vorgibt, sich in einer integralen Disponibilität zu befinden und also indem er das ‚Gesetz des Textes‘ akzeptiert, das zur Eliminierung der dialogischen Struktur der menschlichen Beziehungen tendiert; er kann Wörter konstruieren, die sich ohne Sinn kombinieren, so wie es im Leiden der Verzweiflung und des Wahnsinns geschieht, die als Zerstörung des *Logos* beschrieben werden können.

Merleau-Ponty schreibt: „Man sagt immer wieder, die Wissenschaft sei eine wohlgeformte Sprache“, wobei er zu verstehen gibt, dass eine Sprache gut geformt ist, wenn sie „eine gewisse Anzahl durchsichtiger Bezüge fest[legt]; und um diese darzustellen... Symbole ein[setzt], die für sich selbst nichts besagen und dementsprechend nie mehr besagen als das, was

---

147 Ebd., S. 167.

148 Vgl. mein *Il senso esistenziale del diritto nella prospettiva di Kierkegaard*, Mailand, 1973, S. 106-109; M. Theunissen, *Das Selbst auf dem Grund der Verzweiflung*, Frankfurt am Main, 1991, S. 58-65.

sie beschlossenermaßen sagen sollen"[149]; das heißt, es ist eine Sprache, die sich an die sogenannte Zahlensprache anpasst.

In einer so aufgefassten Sprache haben die Wörter eine eindeutige, weil numerische Struktur; sie verlieren ihre Mehrdeutigkeit, sie nähern sich den informationalen Botschaften der nicht-menschlichen Lebewesen und löschen das Erstaunen aus, das die Sinnsuche initiiert und über die sonoren Zeichen hinaus mitgeteilt wird.

Wenn er die Worte und den Diskurs – die Sprache der Menschen beschreibt, bemerkt Merleau-Ponty: „Wenn jemand – ob ein Autor oder ein Freund – es verstanden hat, sich auszudrücken, dann geraten die Zeichen sogleich in Vergessenheit und zurück bleibt allein der Sinn; die Vollkommenheit der Sprache besteht offensichtlich darin, unbemerkt zu bleiben"[150]. Analog dazu erscheint und dominiert in den juristischen Beziehungen immer die Frage des Sinns, wobei sie diese Konfiguration aufweist: „jeder Sinn ist nur ein Teil des Sinns in einem unendlichen Zusammenhang des Sinns"[151]; hier wird von Radbruch die immer offene Struktur des *Wortes* präsentiert, in ihrem Unterschied zur *Zahl* und also zu den Formeln, die verwendet werden, um die Ergebnisse der Naturwissenschaften nach den Modellen der Mathematik zu formulieren.

In den Analysen von Hauser wird der Unterschied zwischen den *dialogischen Beziehungen*, die die Sozialwissenschaften bilden, und den *biologischen Beziehungen*, dem Objekt bestimmter Gebiete der Naturwissenschaften, verwischt.

Es wird daran erinnert: „Rawls suggeriert, dass wir oft ein Urteil darüber aussprechen können, was gerecht und was nicht gerecht ist, was erlaubt und was nicht erlaubt ist, ohne den Grund dafür zu kennen: ohne fähig zu sein, unsere Handlungen zu rechtfertigen oder eine kohärente Erklärung für unser Benehmen zu liefern". Hauser fragt sich: „... die Tatsache, dass wir handeln können, ohne den Grund zu kennen, führt zu einer Frage: Was bedeutet es, zu wissen, und insbesondere, was bedeutet es, die Prinzipien der Gerechtigkeit zu kennen? Die Anregung von Rawls... ist, dass viele unserer Urteile, die eine moralische Komponente haben, schnell auftauchen, oft ohne Nachzudenken, ohne relevante Emotionen, und meistens ohne eine klare Rechtfertigung oder Erklärung"[152].

Mit der Behauptung, dass viele Urteile ohne eine Vorbereitung geschehen, die eine gedankliche Aktivität verlangt, und im Gegenteil schnell und ohne eine Arbeit erscheinen, die versucht, ihnen eine argumentative Erklärung zu geben, behauptet man am Ende, dass diese Urteile als Konkretisierung eines angeborenen Kerns geschehen, der ein vitales System

---

149 M. Merleau-Ponty, *Die Prosa der Welt*, München, 1993, S. 28.
150 Ebd., S. 34.
151 G. Radbruch, *Rechtsphilosophie*, S. 217.
152 M. D. Hauser, *Moral Minds*, S. 87 (it. Übers. S. 74).

bildet, das die bewusste Teilnahme des Einzelnen, seine Wahl beim Riskieren der Freiheit nicht als wesentlich erfordert.

Es muss beachtet werden, dass das, was hier für die Urteile gesagt wird, klarerweise auch für die Anwendung der Handlungen gilt, da bei der Alternative zwischen einer Pluralität der Handlungen die Auswahl von der vorbereitenden Arbeit der Urteile geleitet wird, die zuerst dazu führt, ein Urteil gegenüber einem anderen vorzuziehen, um dann eine bestimmte Handlung anstatt anderer möglicher unterschiedlicher Handlungen auszuwählen.

Bei der naturalistischen Erklärung der menschlichen Beziehungen, sollen Urteile und Handlungen das Resultat dessen sein, was eine ‚starke Reziprozität' zwischen den Lebewesen genannt wird, also das Resultat eines nicht komplett egoistischen Benehmens, weil es als eine Tendenz aufgefasst wird, mit den anderen zu kooperieren und diejenigen, die die Normen der Kooperation verletzen, mit Sanktionen zu bestrafen, obwohl man spürt, dass man so einen individuellen Preis bezahlt und dass ein solcher Preis manchmal keine Belohnung in der Zukunft zu zeigen scheint.

Die Schlussfolgerung von Hauser ist: „Auch wenn die starke Reziprozität nicht egoistisch ist, ist sie doch strategisch... Die Absicht des Bestrafenden ist es nicht, die Betrüger zu verwandeln, sondern sie bezahlen zu lassen, indem er sie aus dem Kreis der Kooperierenden ausschließt. Die Absicht ist, den Unterschied klar zu machen zwischen dem Verbleiben in der Gruppe und dem Ausschluss aus ihr."[153]

So wird geklärt, dass aus der von Hauser vorgeschlagenen Sicht der Grund für das Urteil und die Strafe nicht darin besteht, den anderen zu verstehen, in seiner freien und immer in Ausbildung befindlichen Alterität, sondern darin, ihn für das *unpersönliche Funktionieren der Gruppe* zu benutzen. Der andere ist hier also nicht das einzelne Subjekt mit uneingeschränkten Rechten, sondern ein Ort des Funktionierens von biologischen Systemen, wo die Macht einer Gruppe mittels Urteilen und Sanktionen wachsen und sich entwickeln kann, gemäß einer einzigen Alternative, die darin besteht *in der Gruppe zu bleiben* oder *aus ihr ausgeschlossen zu werden*. Es gilt ein einziges Maß, das des *biologischen Vorteils*, heute vorgestellt in seiner Expansion als ökonomischer Vorteil, der einzigen Dimension der gegenwärtigen Globalisierung, die selbst ein Instrument der Herrschaft des Marktes ist. Kritisch schreibt Supiot: „die freie Zirkulation der Waren und der Kapitale ist kein Ziel an sich. Sie hat nur dann einen Wert, insofern sie wirklich dazu beiträgt, das Schicksal der Menschen zu verbessern"[154].

Wenn man innerhalb der Grenzen der Bioökonomie bleibt, dann wird mit einer ambigen Formulierung behauptet, dass Urteile und Sanktionen das Resultat unserer sogenannten „Evolutionsgeschichte"[155] seien. So erfasst man nicht den Unterschied zwischen *Geschichte* und *Evolution*; man

---

153 Ebd., S. 88 f.

154 A. Supiot, *Per una critica del darwinismo normativo*, S. 196.

155 M. D. Hauser, *Moral Minds*, S. 110 (it. Übers. S. 115).

verschweigt also, dass die Geschichte Subjekte hat, Autoren; während die Evolution sich nach unpersönlichen Operationen entwickelt, die jeder Bezugnahme auf einen einzelnen Sprecher entbehren, der ein solcher ist, weil er seine Wahl riskiert, entsprechend seiner Freiheit und also ein juristisch zurechnungsfähiges Subjekt ist.

Es ist bedeutsam, dass bei Hauser „die juristischen Systeme, von Mal zu Mal erkennen müssen, dass sie, wenn sie sich gegen die populären Ansichten in Bezug auf die Bestrafung wenden, größere Probleme schaffen könnten, weil die Individuen Rache suchen würden und sich ein persönliches Gesetz konstruieren würden“[156].

Mit dieser These wird behauptet, dass die juristischen Systeme die Orientierungen und populären Ansichten über die Bestrafung unterstützen, also erklärt man, dass ein fürs andere Mal, die *populäre Ansicht* erhört wird, die als eine *kontingente Manifestation des biologischen Vorteils* angesehen wird. Über Hauser hinaus ist die Analyse der sogenannten ‚Ansicht‘ nicht eindeutig in ihren Konkretisierungen; sie zeigt die verschiedenen Modalitäten des Sich-Verwirklichens, die kein ‚wissenschaftliches‘ Leitmodell haben, das nach jener bioökonomischen Voraussetzung funktioniert, die bestätigt: „um die Wirksamkeit der Bestrafung zu maximieren, müssen wir die psychologischen Erwartungen kennen, die die Personen oft unbewusst haben“[157]. Hier werden solche ‚Erwartungen‘ als Operationen beschrieben, die die Menschen und die Nicht-menschlichen Lebewesen teilen, also nachdem man den radikalen, qualitativen und nicht graduellen Unterschied zwischen Subjekten des Wortes und des Dialogs und dem *Logos* fremden Wesen, den Tieren, entfernt hat.

Es wird noch einmal klar, dass man, wenn man das Modell der Naturwissenschaften auch in den Sozialwissenschaften annimmt, eine Animalisierung des Menschen schafft und behauptet: die „Prinzipien, die unsere Urteile bezüglich einzelner Handlungen leiten, besonders hinsichtlich dessen, was wir als gerecht und ethisch empfinden“ können nur erhellt werden mittels „der Instrumente der Wissenschaft“, die als fähig angesehen werden, das unpersönliche Fortdauern der Lebensaktivitäten zu erklären, die daran orientiert sind, „das Gleichgewicht zwischen Versuchung und Kontrolle, das für unsere Art und für viele uns vorangegangene Arten charakteristisch ist“[158], zu finden.

Es scheint hier genau die Vision von Kelsen über die Gerechtigkeit wiederaufzuerstehen, die auf die Frage „was bedeutet es... dass eine Ordnung gerecht ist?“ antwortet, dass eine Ordnung dann gerecht ist, wenn sie „das Verhalten der Menschen in einer Weise regelt, die alle befriedigt, sodass alle ihr Glück unter ihr finden. Die Sehnsucht nach Gerechtigkeit ist des Menschen ewige Sehnsucht nach Glück“[159].

---

[156] Ebd., S. 107 (it. Übers. S. 113).
[157] Ebd., S. 110 (it. Übers. S. 115).
[158] Ebd., S. 83.
[159] H. KELSEN, *Was ist Gerechtigkeit?*, S. 297-298.

Wir befinden uns vor einer Vision der Gerechtigkeit und des Glücks, die mit einem zufriedenen Leben gleichgesetzt wird, wobei zuerst nicht berücksichtigt wird, dass die Dimension des *Zufriedenseins* nicht die gleiche ist wie die des *Glücklichsein* und dass außerdem diese beiden Verfassungen bei den Menschen eine Vielzahl von möglichen Interpretationsformen haben, die *Sinnkontroversen* eröffnen, die nicht auf *vitale Konflikte* zurückbezogen werden können.

Ein satter Mensch kann auch verzweifelt sein; ein sattes Tier ist nur satt, hat keine Fragen über den Sinn und riskiert folglich nicht den Zustand der Verzweiflung, der darin besteht, keinen Sinn für das Selbst zu finden, im Leben der *vorgefundenen Zwecke* der biologischen Systeme zu verharren, die nicht von den in den sozialen Systemen *gegründeten Zielen* erleuchtet werden. Die Existenz der Menschen ist nicht beschreibbar als eine Verfassung des Glücks – der Gerechtigkeit, die in eine wissenschaftlich verifizierbare[160] Formel gefasst werden könnte, die für alle gleich ist – wenn auch innerhalb der Grenzen von Ort und Zeit – und daher keine kontinuierlich in Verwandlung befindliche Geschichte im ständigen Sichentwerfen der Menschen hat.

In der *Lebensumgebung der Tiere* funktioniert nur der ‚Text des Gesetzes', der nicht von dem ‚Gesetz des Textes' differenziert wird; es wird bestätigt, dass die Tiere keine Verantwortung und kein Risiko für die Sinnhypothesen haben, die die *reine Forschung* nähren, sondern sich in den Operationen der sogenannten *angewandten Forschung* erschöpfen, deren Autoren – *Agenten* – sie nicht sind, sondern, wie wir bei der Diskussion von Hauser[161] gezeigt haben, deren *Patienten*.

Wenn man auf den Wortschatz von Merleau-Ponty zurückgreift, dann kann man zwischen „gesprochene Sprache und... sprechende Sprache"[162] unterscheiden; die erstere gehört zur *angewandten Forschung* und die zweite zur *reinen Forschung*.

„Die gesprochene Sprache... ist die Menge der Bezüge zwischen etablierten Zeichen und verfügbaren Bedeutungen"[163]; ohne sie ist es nicht möglich in der Alltäglichkeit der Beziehungen die Lektüre eines Textes unter Lesern zu teilen, die eine selbe Sprache haben. Die sprechende Sprache beginnt sich zu zeigen, wenn bei der Lektüre eines Textes „sich eine gewisse Anordnung von Zeichen und schon verfügbaren Bedeutungen verändert und umformt, bis ein jedes schließlich eine neue Bedeutung aussondert".

Die gesprochene Sprache ist parallel zur schon gebildeten Sprache und zur angewandten Forschung, während die sprechende Sprache als konstituierende Sprache die Hypothesen verwendet, die die reine Forschung einleiten.

---

160 Vgl. F. A. von Hayek, *Recht, Gesetz und Freiheit*, S. 204-206.

161 Vgl. M. D. Hauser, *Moral Minds*, S. 414 (it. Übers. S. 404).

162 M. Merleau-Ponty, *Die Prosa der Welt*, S. 34.

163 Ebd., S. 36.

Wenn „die konstituierte Sprache, die schlagartig ihr Zentrum und ihr Gleichgewicht verliert, sich neu ordnet, um dem Leser – und selbst dem Autor – etwas zu zeigen, was er bisher weder denken noch sagen konnte“[164], dann wird sie bildende Sprache, bildet Hypothesen und stimuliert die reine Forschung.

Die Sprache präsentiert sich als Sprecher und Konstituente, wenn sie die unerschöpfliche Wiedereinleitung des ‚Gesetzes des Textes‘ wieder aufleben lässt und damit die dialogische Sinnsuche anregt, die, durch ihre „Übersignifikation“[165], über den ‚Text des Gesetzes‘ hinaus geht, also einer Äußerung, die als ein definiertes sprachliches Objekt angesehen wird, das sich darin erschöpft zu sagen, was es sagt.

Im Leben der juristischen Beziehungen führen die Sprache der positiven Normen und die Sprache der konkreten Fälle konstant *sowohl* ihre Unterschiedlichkeit *als auch* ihre gegenseitige Notwendigkeit ein. Die *gebildete Sprache* bezieht sich auf die Sprache der Normen; die *bildende Sprache* besteht dagegen in der Kunst, die den Übergang von der Abstraktheit und Allgemeinheit der Norm zur Konkretheit und Einzigartigkeit des Falls gestattet.

Wenn man mit Luhmann[166] animmt, dass das Zentrum des juristischen Systems im Urteil liegt, das von einem überparteiischen Richter gemäß den vom Gesetzgeber gesetzten und von der Kraft ihrer Konkretisierung garantierten Normen ausgesprochen wird, dann muss man beschreiben, wie im Urteil die ‚gebildete Sprache‘, der ‚Text des Gesetzes‘ wieder zum Leben erwacht, einen Sinn findet in der Konkretheit der Welt, da er von dem ‚Gesetz des Textes‘ wieder aufgenommen wird. Auf Ciceros[167] Art lässt sich sagen, dass die Normen ein *‚stummer Magistrat‘* sind, leblos, und dass sie wieder anfangen zu leben durch die Kunst des Wortes, die vom Magistrat ausgeübt wird und die *‚sprechenden Normen‘* bildet, die zur dialogischen Dimension zurückkehren bei der Debatte im Prozess, der das Urteil vorbereitet.

Jeder Gedanke, vor allem der juristische Gedanke „kann sich weder auf die Bedeutungen beschränken, die er vorsätzlich erkannt hat, noch daraus das Maß des Sinns machen“. Man geht aus einem toten Text heraus, wenn man seinen Sinn sucht, über die Beschränkung der Zeichen hinaus, die diesen Text bilden, also wenn man den hermeneutischen Übergang von der *gebildeten Sprache*, die erloschen ist, zur *bildenden Sprache*, die lebendig ist, versucht und durchführt.

Dieser Übergang wird exemplarisch durchgeführt in der Kunst des überparteiischen Richters, des Magistraten, der beim dialogischen Durchführen der Debatte die Parteien anhört und so auch im juristischen

---

164 Ebd., S. 38 f.

165 Ebd., S. 146.

166 Vgl. N. LUHMANN, *Das Recht der Gesellschaft*, Frankfurt am Main, 1995, Cap. 7.

167 Vgl. CICERO, *De Legibus*, 3, 1, 2.

Prozess zeigt: „Sprechen und Verstehen setzen nicht nur das Denken voraus, sondern viel wesentlicher und als Grundlage des Denkens selbst, setzen sie die Fähigkeit voraus, sich entstellen und wiederherstellen zu lassen durch einen wirklichen Anderen, durch mehrere mögliche Andere und vermutlich durch Alle“[168]. Hier wurzelt der Grund für die Öffentlichkeit des juristischen Prozesses.

Indem man die *tote Sprache der Normen* von der *lebendigen Sprache der juristischen Relationen* unterscheidet, würde man sich in eine vorgebliche Objektivität der Rechtsformen flüchten, die als eine leere Konstruktion verstanden wird, die nicht von den Menschen bewohnt wird. So „würde die Sprache zum Gefängnis, sie würde selbst das bedingen, was man über sie sagen kann, und... ist... zu keiner Aufhellung fähig“[169], also wäre man in der juristischen Erfahrung nicht fähig, jene Brücke zu überqueren, die die *tote Sprache der Normen* mit der *lebendigen Sprache der Beziehungen der Menschen* verbindet, den einzigen Subjekten des Rechts.

Hier zeigt sich die Ungenügendheit und das Scheitern der Versuche, die darauf abzielen, „eine möglichst eindeutige Kunstsprache zu entwickeln“, eine „eindeutige Sprache“, die „paradoxerweise, gerade wegen ihrer Eindeutigkeit nicht mehr zur Kommunikation und zur Beschreibung des Lebens [geeignet ist], weil sich diese zwischen verschiedenen Menschen und über verschiedene Erfahrung abspielen muss. Die Uneindeutigkeit der (Umgangs-)Sprache ist daher keineswegs als schierer Nachteil zu erachten ... der Preis der Eindeutigkeit und Exaktheit wäre die Erstarrung der Sprache und ihre Reduktion auf eine relativ kleine Zahl von Zeichen“[170].

Gerade die nicht eindeutige sondern vieldeutige Struktur der juristischen Sprache bestimmt die spezifische Qualifikation der hermeneutischen Kunst des Juristen und zeigt, dass die „Historizität des Rechts... als ihren privilegierten Ort die Sprache hat“, aufgefasst in der Verbindung, die die „*eindimensionale*, abstrakte und tendenziell eindeutige Sprache des Rechts“ mit der vieldimensionalen Sprache hat, die „typisch für die gewöhnliche Sprache“[171] ist, die jedes Mal mit Originalität in den verschiedenen Modalitäten des juristisch geregelten Zusammenlebens von einzelnen Personen ausgeübt wird.

In dem hier wiederaufgenommenen Zusammenhang wird die beiderseitige Wichtigkeit des ‚Textes des Gesetzes‘ und des ‚Gesetzes des Textes‘ unterstrichen, also der *stummen Sprache der Normen*, die von der *angewandten Forschung* gestaltet wird, und der *sprechenden Sprache der Magistraten*, die von dem Leuchten der *reinen Forschung* eingeleitet wird.

---

168 M. Merleau-Ponty, *Die Prosa der Welt*, S. 42 f.

169 Ebd., S. 46.

170 A. Kaufmann, *Recht und Sprache*, S. 110.

171 G. Marino, Presentazione, in: A. Kaufmann, *Filosofia del diritto*, S. XXXVI.

VII
Reine Forschung und Reinheit des Rechts

In dem abschließenden Teil präsentiert die Abhandlung von Hauser eine Menge von ausdrücklichen Verweisen auf die Verbindung zwischen Sprache und sozialen, moralischen und juristischen Systemen. Er schreibt: „wie bei der Sprache wird das Erlernen der spezifisch ausgedrückten und kulturell variablen moralischen Systeme von der Tatsache beeinflusst, dass die detaillierten Inhalte besonderer sozialer Normen dadurch erworben werden, dass man der lokalen Kultur ausgesetzt ist; die abstrakten Prinzipien und Parameter sind angeboren. Die Rolle der Erfahrung ist die, das angeborene System anzuweisen... Diese Art von anweisendem Lernen ist typisch für eine unzählige Zahl von biologischen Prozessen, die von dem Immunsystem bis zur Sprache reichen“[172].

Hauser bestätigt somit erneut das Existieren eines angeborenen Systems, das, aufgebaut aus ‚abstrakten Prinzipien‘ und ‚allgemeinen Parametern‘, sich durch die Lernhandlungen ausbildet, die nach den Bedürfnissen von bestimmten Phasen der Evolution einer vitalen Umgebung strukturiert sind, und *sowohl* die Operationen des Immunsystems und der Sprache *als auch* die Operationen der sozialen Systeme, also auch des Rechts, spezifizieren, die alle als Prozesse aufgefasst werden, die nach Modellen der biologischen Systeme funktionieren, dem Gegenstand der Naturwissenschaften.

Man muss aber beachten, dass *die Sprache der Menschen diskursiv und dialogisch ist, gratis und dysfunktional, und daher nicht nur die informative Struktur der biologischen Prozesse innehat,* von denen man denkt, dass sie Mechanismen besitzen, die zu einem ‚angeborenen System‘ gehören, das vom biologischen Vorteil regiert wird. „Das Anrufen – schreibt Buber – hat der Mensch mit vielen Tieren gemein, das Anreden ist ihm wesenhaft eigentümlich, und das Anreden gründet sich auf die Setzung und Anerkennung der selbständigen Anderheit des Andern, mit dem man aus eben diesem Grunde anredend und Rede stehend Beziehung pflegt“[173].

Das Fragen und das Antworten ist so geartet, weil es die ursprüngliche Alterität des anderen voraussetzt, das Anhören des Wortes des anderen, wobei man ihn als berechtigt erkennt, ‚das Wort zu ergreifen‘, das überrascht und begeistert, weil es kein Element eines biologischen Systems ist, das in Langeweile sein angeborenes Programm abspult. Der andere wird anerkannt in seiner Fähigkeit Bewunderung zu erlangen, wobei die Sinnsuche eröffnet wird, die nicht von einer auf dem Markt vermarktbaren

---

[172] M. D. Hauser, *Moral Minds*, S. 422 (it. Übers. S. 412).

[173] M. Buber, *Urdistanz und Beziehung*, S. 420.

Nutzbarkeit ernährt wird, sondern von der kreativen Dysfunktion, oder dem ursprünglichen ,Ich' eines jeden Menschen, dem einzigen Subjekt der reinen Forschung.

Auf anscheinend paradoxe Weise wird der andere auch als Träger des „Rechts zur Strafe"[174] anerkannt – wie Scheler schreibt –, weil die Voraussetzung für die Strafe die Anerkennung der Zurechnungsfähigkeit ist, also die Ausübung der freien Subjektivität, die nicht vorkalkulierbar ist und daher nicht in den biologischen und neurobiologischen Laboratorien behandelt werden kann, die heute den Laboratorien der Bioökonomie dienen.

Wie bereits erwähnt, bemerkt Boncinelli, dass nur bei den Menschen „das Drama des einzelnen Individuums entsteht und zelebriert wird, einem Exemplar unter Exemplaren, das aber auch für sich selbst eine eigene Welt bildet"[175]. Wenn man den Unterschied zwischen Mensch und Tier nochmal wieder aufnimmt, wird die Besonderheit dieser ,eigenen Welt' folgendermaßen von Buber beschrieben: „das Tier braucht nicht bestätigt zu werden, denn es ist unfraglich. Anders der Mensch: aus dem Gattungsreich der Natur ins Wagnis der einsamen Kategorie geschickt, von einem mitgeborenen Chaos umwittert, schaut er heimlich und scheu nach einem Ja des Seindürfens aus, das ihm nur von menschlicher Person zu menschlicher Person werden kann"[176].

,Eine eigene Welt zu haben' bringt den Menschen in eine riskante Verfassung, die nicht wie für alle nicht-menschlichen Tiere nur darin besteht, weiterzuleben, sondern sie besteht darin, sein Abenteuer in der Sinnsuche zu riskieren, darin, ein zweites Leben zu begründen, über das Leben seines biologischen Systems hinaus, also in der Konstruktion eines sozialen Lebens, das sich als zweites Leben erweist, weil es das überbiologische der primär juristischen Institutionen ist. Auf diesem Weg wird der Mensch schon nicht mehr durch seine Gene definiert, von dem Vermögen seines biologischen Gedächtnisses, und er beabsichtigt es auch nicht, seine ,Anpassungs-Handlungen', unpersönlich weiterlaufen zu lassen, die sich auf die Veränderungen der Umgebung, der Lebensbedürfnisse beziehen, die die ,detaillierten Inhalte besonderer sozialer Normen' spezifizieren, wobei sie das „angeborene System"[177] anweisen.

Der Mensch bemerkt, dass er der Bildung ,seiner eigenen Welt' ausgesetzt ist und hat das Bewusstsein, dass er bei dieser Aufgabe von niemand anderem vertreten werden will, noch die Handlungen der anderen nachahmen und wiederholen will; er ist sich dessen bewusst, dass er selbst es sein will und die Hypothesen *seiner* sich in Ausbildung befindlichen Welt

---

174 M. Scheler, *Der Formalismus in der Ethik und die materiale Wertethik. Neuer Versuch der Grundlegung eines ethischen Personalismus*, Bern-München, 1966, S. 366; vgl. A. Rivera Llano, *Derecho penal posmoderno*, Bogotà, 2005, S. 718 ff.

175 E. Boncinelli, *Il male. Storia naturale e sociale della sofferenza*, S. 165.

176 M. Buber, *Urdistanz und Beziehung*, S. 423.

177 M.D. Hauser, *Moral Minds*, S. 422 (it. Übers. S. 412).

vollbringen will. Hier liegt das Entstehen jeder Art von reiner Forschung, die dabei beginnt, eine Sinnhypothese aufzustellen.

Bei dieser besonderen Verfassung präsentiert sich die Hypothese eines Menschen vollkommen als solche, indem sie die Hypothesen der anderen Menschen anhört und Bestätigungen und Anregungen findet, um ihre Hypothesenbildung zu riskieren, die darin besteht, dass sie nicht *komplett von einem angeborenen System* geboren wurden, sondern *skizziert* wie Cicero es treffend ausdrückt. Bei dem Menschen kann man zwei Arten von Tugenden feststellen, diejenigen, die „von ihrer Natur aus angeboren sind und nicht freiwillig heißen" und „diejenigen, die in dem Willen verankert sind und für die die Bezeichnung Tugend angemessener ist". Es sind die „echten großen Tugenden, die wir freiwillig nennen, wie die Besonnenheit, die Mäßigung, die Gerechtigkeit und die anderen der gleichen Art". Und weiter: „Die freiwilligen Tugenden sind den nicht freiwilligen überlegen"[178]; in ihnen wurzelt auch das Abenteuer der reinen Forschung.

Buber schreibt, „zudem sind jene Triebe per definitionem ‚auf etwas gerichtete'"[179] und von diesem etwas lässt sich sagen, dass es ‚angeboren' ist; er bemerkt aber, dass „der Mensch das einzige uns bekannte Lebewesen ist, in dem sich gewissermaßen die Kategorie der Möglichkeit verkörpert hat"[180], „meine Einzigkeit, diese unwiederholbare Wesenform hier, in keine Elemente zerlegbar und aus keinen zusammensetzbar". Ich bemerke die Möglichkeit als „eine entworfene oder vorgebildete, mir zur Ausführung anvertraute"[181], diese Realisierung ist ursprünglich und daher riskant. Schon der ursprüngliche griechische Gedanke lädt dazu ein, die Existenz nach der *Möglichkeit* der *freiwilligen* Tugend als grundlegend anzusehen, im Gegensatz zum einfachen Leben, das von einem angeborenen System determiniert wird, das sich in seiner *willenlosen* Fortdauer nach den biologischen Gesetzen entwickelt[182].

Cicero erklärt, wenn er sich auf den Unterschied zwischen angeborenen, nicht willensbedingten Tugenden und angedeuteten, willensbedingten Tugenden bezieht, dass die Andersartigkeit des Menschen darin besteht, der einzige Träger einer Vielzahl von möglichen Hypothesen bei der Ausbildung der willensbedingten Tugenden zu sein. Er setzt also zwei zentrale Thesen voraus, wenn er sie auch nicht explizit diskutiert. Die *erste* behauptet, dass der Mensch seine Freiheit bei der Hypothesenbildung riskiert; die *zweite*, dass die Hypothesenbildung nur dann eine solche ist, wenn das hypothesenbildende Subjekt sich dessen bewusst ist. Dieses Bewusstsein entsteht nur aus der dialogischen Beziehung, die, weil sie eine Pluralität von Hypothesen zu der Ansicht eines selben Problems

178 Cicero, *De finibus bonorum et malorum*, Lib. V, Cap. 12, 13, 35-38.

179 M. Buber, *Bilder von Gut und Böse*, in: *Werke*, Erster Band, *Schriften zur Philosophie*, München, 1962, S. 641.

180 Ebd., S. 646.

181 Ebd., S. 649.

182 Vgl. Platon, *Kriton*, Berlin, 1927, S. 121 ff.

aufzeigt, in den Menschen das Bewusstsein aktiviert, dass die Hypothese eine solche ist und als solche erlebt wird, weil die anderen, zu der gleichen Hypothese andere Hypothesen haben.

Die hypothesenbildende Kreativität des Fragens und Antwortens entsteht in dem einzelnen Menschen, der für würdig befunden wird, in seiner Originalität Gehör zu finden, wobei er der Originalität der anderen Gehör schenkt. Die beziehungsgesteuerte Ausbildung der Hypothese gehört also den *Subjekten, die eine Sinnhypothese aufstellen.* Sie ist aber abwesend bei den nichtmenschlichen Lebewesen, die keine Hypothesen aufstellen, sondern ihr biologisches System ausführen, entsprechend den Transformationen, die von der Veränderung der Umweltbedingungen bestimmt werden, aber keine Hypothesen sind, oder Sinnschöpfungen, sondern Ereignisse ohne Subjektivität, die *sowohl* die Hypothesenbildung der reinen Forschung öffnet, *als auch* die juristische Zurechnungsfähigkeit ermöglicht.

In dem dialogischen Prozess der Anerkennung, der in der Geschichte des Einzelnen und der Gesellschaft immer in Ausbildung befindlich ist, entstehen die Konflikte zwischen den Hypothesen, zwischen den vielfachen Visionen jener ‚*eigenen Welt*', die jedem einzelnen Menschen gehört, auch wenn er wie Boncinelli erinnert, ein ‚*Exemplar unter Exemplaren*' ist.

Die Fragen über das Gute und das Böse, über das Gerechte und das Ungerechte, über das Gesetzmäßige und das Ungesetzmäßige, sind alle verwurzelt in dem exklusiv menschlichen Raum der *Hypothesenbildung*, der sich darin bestätigt, keine *Anpassungshandlung* zu sein, die ausgeübt wird, um ein unpersönliches Leben weiterzuführen, so wie es bei allen nichtmenschlichen Lebewesen passiert. Der Raum der Hypothesenbildung ist ein solcher, weil er im Kern besteht aus der *unauflösbaren Einheit a) der ausgesprochenen Hypothese und b) dem Subjekt, dem Autor der Hypothese.* In einer solchen Einheit wurzelt die *reine Forschung, riskiert von dem Abenteuer des Menschen, des einzigen Subjekts möglicher Sinnhypothesen.*

Die Hypothese ist kein angeborenes Element, sie ist auch nicht etwas, das aus den sogenannten ‚beweglichen Genen'[183] entsteht, die in den Anpassungshandlungen vorhanden sind, welche durch die Verbindung der *angeborenen* genetischen Ausstattung mit der *Veränderung* der Umwelt entstehen.

Die Hypothese ist eine solche, weil es um das Selbst geht, um das Riskieren der Freiheit des einzelnen Subjekts, das leidet, wenn es von einem anderen Wesen ersetzt wird, wenn es von den anderen Sprechern besprochen wird, wenn es vorgezeichnete bio-ökonomische Wege ausführt, die auch in den ‚beweglichen Genen' selbst schon vorgeformt sind für die Anpassung, ohne jede Auswirkung der Möglichkeit, die in ihrem bejahen oder verneinen nicht vorhersehbar ist.

---

183 Vgl. M. Ridley, *Nature via Nurture. Genes, Experience and What Makes Us Human*, London, 2004.

Mit dem Akt der Hypothesenbildung öffnet sich der Raum der *reinen Forschung*, der sich von der *angewandten Forschung* darin unterscheidet, dass er kein einfaches Anpassungsverhalten ist, bezüglich eines Systems, das als angeboren angesehen wird und von den Lebensbedürfnissen eines Ortes und einer Zeit ‚angeleitet' wird. In der *reinen Forschung* manifestiert sich der ausschließlich menschliche Weg der *Möglichkeit*, der die Grenze zwischen der *Geschichte der Menschen* und der *Evolution der biologischen Systeme* markiert.

Die *Möglichkeit* und die *reine Forschung* setzen den Menschen der Dimension einer Alternative aus, einem *entweder – oder*, das der Frage nach dem Guten und dem Bösen einen Sinn gibt, nach der Gerechtigkeit oder der Ungerechtigkeit, nach dem Legalen oder dem Illegalen; so ist der Mensch dazu bestimmt, das einzige ‚Ich' des Wortes zu sein und also das einzige juristisch zurechnungsfähige Lebewesen.

Wenn man einige Betrachtungen anstellt, die die Seiten dieser Studie abschließen, dann entstehen die Fragen, die hier in der aufgezählten Abfolge dargestellt werden.

Was bleibt von der Geschichte des Wissens, wenn man die Möglichkeit zur reinen Forschung unmöglich oder unwesentlich macht?

Was passiert mit der Fakultät der Rechtswissenschaften, wenn die reine Forschung nicht mehr existiert?

Wird es nur noch Operatoren der funktionalen Kombinatorik geben und keine Juristen?

Wird sich das überparteiische Urteil nach dem Muster der ‚Wiederversöhnung' bilden, das bei den Konflikten der Tiere funktioniert und von dem einzigen Maß des biologischen Vorteils produziert wird, der momentan als ökonomischer Vorteil gelebt wird?

Auch heute noch befinden sich diese Fragen in einer kulturellen Epoche, die von der dogmatischen Bezugnahme auf die *‚reine Rechtslehre'* von Kelsen[184] gezeichnet ist, die aber mit der *reinen Forschung* nur das Adjektiv ‚rein' gemein hat, da sie dagegen ein logisch-formales Instrument ist, das schon fertig ist und als *allgemeine Theorie der angewandten Forschung* angewandt werden soll, die jeder siegreichen Macht zu Diensten steht.

Die *‚reine Rechtslehre'* behandelt den *‚Text des Gesetzes'* und stellt nicht das *‚Gesetz des Textes'* in Frage; daher bildet sie eine Doktrin vom *Gebrauch des Rechts*, die die *Entstehung des Rechts* verdunkelt und sie darauf beschränkt, der siegreichen Faktualität zu dienen, der wirksameren Kraft, die die Gültigkeit schafft.

In der Konstruktion von Kelsen setzt sich das Modell des *bios* durch, wird als der ‚Text des Gesetzes' bestätigt, so wie es die Kraft des überlegenen Lebens will. Der *logos*, der das ‚Gesetz des Textes' regelt, wird verdrängt. Es wird eine *‚reine Rechtslehre'* vorgestellt, die, indem sie sich auf die

184 Vgl. mein *Due studi su forma e purezza del diritto*, Turin, 2008.

Grundnorm konzentriert, die in der Wirksamkeit = Kraft des Grundfakts besteht – dem stärkeren und siegreichen Fakt –, eine *Doktrin des normativen Darwinismus* ist, der heute – wie man mit Supiot sagen kann – im Markt die „*Grundnorm* jeder juristischen Ordnung"[185] sieht.

Hauser, der innerhalb der Modelle eines aktualisierten normativen Darwinismus bleibt, meint zeigen zu können, dass „während der ganzen Geschichte aller Kulturen der Welt unterschiedliche Gruppen unterschiedliche Versionen der goldenen Regel formuliert haben... Das allgemeine Prinzip ist jedoch immer dasselbe". Hauser will so zeigen, dass man im Buddhismus, im Konfuzianismus, im Taoismus, im Judaismus, im Christentum und im Islam nachweisen kann, dass „wenn die Menschen in sozialen Gruppen leben, die goldene Regel als eine Art obligatorische Konsequenz erscheint, ein explizites Gebot, das vom anderen übermittelt wird"[186]. Ein annähernd philosophischer Hinweis auf Kant und den kategorischen Imperativ wird gemacht, der ohne irreführende Ausnahmen, eine allgemeine Formulierung der goldenen Regel äußert: „Keine Handlung gemäß einer anderen Maxime durchzuführen, als derjenigen, die fähig ist, als universelles Gesetz zu gelten"[187].

Diese Bezugnahmen auf die sogenannte ‚goldene Regel' werden auch von Kelsen selbst gedacht, jedoch um zu beweisen, dass es keine goldene Regel gibt, die imstande wäre, die Probleme zu lösen, die mit dem Gebrauch einer derartigen Regel im Fall ihrer Verletzung entstehen würden, weil sie sofort „zu absurden Konsequenzen führt. Niemand wünscht, bestraft zu werden, auch wenn er ein Verbrechen begangen hat. Daher darf man – der Goldenen Regel zufolge – Verbrecher nicht bestrafen... Das ist nun gewiss nicht ihre Absicht, ganz im Gegenteil. Durch sie soll doch Moral und Recht aufrechterhalten werden... darf der Mensch nicht aufgefordert werden, sich anderen gegenüber so zu verhalten wie er wünscht, dass andere sich ihm gegenüber verhalten. Ein solches subjektives Kriterium ist mit aller Gesellschaftordnung unvereinbar"[188], fährt Kelsen fort.

Gegen Scheler, der nur dem Menschen den Wunsch und den Anspruch auf ein „Recht zur Strafe"[189] zuschreibt, meint Kelsen, dass kein Mensch eine Bestrafung für das begangene Verbrechen wollen würde, selbst wenn er, sollte er das Opfer sein, wollte, dass die anderen bestraft werden.

Man würde also zu folgender Schlussfolgerung gelangen: „verhalte dich zu den anderen wie die anderen sich zu dir verhalten sollen und genau so wie sie sich gemäß einer objektiven Ordnung verhalten sollen"; die Voraussetzung für diesen Imperativ ist, dass *die Ordnung des positiven Rechts als die einzige ‚objektive' Ordnung angesehen wird.*

---

185 A. Supiot, *Per una critica del darwinismo normativo*, S. 188.

186 M. D. Hauser, *Moral Minds*, S. 359 (it. Übers. S. 349).

187 Ebd., S. 36 (it. Übers. S. 24).

188 H. Kelsen, *Was ist Gerechtigkeit?*, S. 313.

189 M.Scheler, *Der Formalismus in der Ethik und die materiale Wertethik. Neuer Versuch der Grundlegung eines ethischen Personalismus*, Bern-München, 1966, S. 366.

Die Allgemeingültigkeit der Anwendung eines Prinzips könnte also nur in einer positiven juristischen Ordnung gewährleistet werden; also in einem ‚Text des Gesetzes', der, entgegen dem in diesen Seiten gezeigten, keinen Existenzgrund in dem ‚*Gesetz des Textes*' hat, welches damit entleert und verdrängt wird.

Kelsen fährt fort: „kann der kategorische Imperativ, ganz ebenso wie der Grundsatz ‚Jedem das Seine' oder die Goldene Regel, als Rechtfertigung jeder beliebigen Gesellschaftsordnung im allgemeinen und jeder beliebigen generellen Vorschrift im besonderen dienen... Diese Möglichkeit erklärt, warum diese Formeln, trotz ihrer – ja gerade wegen ihrer – völligen Leerheit, noch immer als befriedigende Antworten auf die Frage der Gerechtigkeit hingenommen werden, und wohl auch in Zukunft werden hingenommen werden"[190].

Die Gerechtigkeit sollte die Konflikte zwischen den verschiedenen Wertordnungen lösen können und betrifft daher die „Frage nach der Rangordnung der Werte", zum Beispiel des Verhältnisses zwischen zwei Wertordnungen wie das des Lebens und der Freiheit, die am Beispiel eines Gefangenen gegenübergestellt werden, der sich in einem Konzentrationslager überlegt, ob der Selbstmord zulässig sei. Kelsen meint: „Wenn Leben der höhere Wert ist, dann ist Selbstmord nicht gerechtfertig; wenn aber Freiheit der höhere Wert, wenn ein Leben ohne Freiheit wertlos ist, dann ist der Selbstmord nicht nur erlaubt sondern geboten"[191].

Im Konflikt zwischen dem Wert des Lebens und dem Wert der Freiheit hält es Kelsen für unmöglich, zu einer ‚wissenschaftlichen' Lösung zu kommen, die die Priorität des einen oder des anderen Wertes bestätigt, weil er feststellt, dass man keinerlei Überprüfung durchführen kann. Es erscheint ihm, als könne man jede Lösung rechtfertigen und daher erkennt er die wirksame als richtig an, das heißt diejenige, die sich als Echo der Faktualität durchgesetzt hat.

Diese Lösung führt dazu, die Legalität zu zelebrieren, während die Gerechtigkeit verdrängt wird. In der Legalität ergibt sich die Dominanz eines Fakts, der über die anderen Fakten gewonnen hat. Das ist eine Lösung, die auf die Kunst des Urteils verzichtet, im Bewusstsein, kein totales, ‚wissenschaftlich' gesichtertes Wissen benutzen zu können, weil der Mensch, auch der überparteiische Richter, der Magistrat, nur zu einem beschränkten Wissen Zugang hat, das aber jedes Mal von der Wiederaufnahme des ‚Gesetzes des Textes' erleuchtet wird, der, was den Konflikt zwischen dem Wert des Lebens und dem Wert der Freiheit betrifft, die *kreative Zentralität des Dialogs* betont.

Mit dem Selbstmord verzichtet man auf die dialogische Kommunikation mit dem anderen; man gibt sich ein Ende und gleichzeitig zeichnet man das Ende des Sagens zum anderen, negiert man die Möglichkeit,

---

190 H. Kelsen, *Was ist Gerechtigkeit?*, S. 315.
191 Ebd., S. 301-302.

einen Sinn zu suchen, der den gegenseitigen Respekt der in Erwartung eines verwandelten Sinns riskierten Freiheit fordert. Die konstitutive Dimension der reinen Forschung wird an der Wurzel ausgelöscht. Einer reinen Forschung, die anfängt, wenn das Bewusstsein des besessenen Wissens nicht ein totales und letztes ist, sondern von der Hypothese *eines sich im Dialog ausbildenden Sinns* angestoßen wird, der, weil er kein *totaler Sinn* ist, nicht die integrale Disponibilität des Lebens hat, die sich in einer letzten und nicht tadelnswerten Geste des Sich-Tötens oder des Tötens zeigt.

Im juristischen Denken stellt die *reine Forschung*, indem sie sich von der ‚reinen Rechtslehre' von Kelsen befreit, die als allgemeine Theorie der *angewandten Forschung* angesehen wird, den *Gebrauch des Rechts* wieder in Frage, indem sie die *Entstehung des Rechts* neu interpretiert, die in der *diskursiv-existienziellen* Ordnung und nicht in der *bio-ökonomischen* vorgestellt wird. Die Entstehung des Rechts wird also gedacht in ihrer Verbindung mit der Interpretation des Wesens Mensch, der, wie bei Hauser selbst gezeigt wird, der einzige *‚juristische Agent'* ist, getrennt von den Tieren, die für immer beschränkt sind auf ihr Leben als *‚juristische Patienten'*.

Was die Menschen betrifft, so wird der Unterschied zwischen den beiden Bedingungen des ‚juristischen Agenten' und des ‚juristischen Patienten' größer, wenn man die Beziehung zwischen der Sprache und den sprechenden Subjekten analysiert.

Anders als die Tiere und ihr unpersönliches Ausführen der Zeichen ihrer Sprache, sind die Menschen ‚Agenten' und nicht ‚Patienten', weil sie den „Willen zum Ausdruck" manifestieren, mit einer Anwendung des Wortes, die immer die beiden Aspekte aufweist, „jederzeit dem zusammengehörigen und zugleich gegensätzlichen Bedürfnispaar von Expressivität und Uniformität unterworfen [ist]. Damit eine Sprechweise verstanden wird, muß sie sich von selbst verstehen und muß allgemein zugelassen sein", also eine definierte und fixe, *einförmige* Form erlangt haben. Trotzdem ist es genauso wichtig, dass die Sprache *expressiv* ist und sie „muß dem Zuhörer noch auffallen; ihre ganze Ausdruckskraft bezieht sie daraus, daß sie *nicht* identisch ist mit ihren Konkurrenten"[192].

In jedem sprechenden Subjekt, auch und vor allem in der Ausübung der juristischen Sprache, ist das Ich des Einzelnen präsent, indem es sich „aus dieser Einsamkeit heraus[bewegt]"[193], aus der Eingeschlossenheit des Solipsismus des Ichs heraustritt und in das Sich-Beziehen eintritt.

„Sich auszudrücken, das ist also ein paradoxes Unterfangen, da es einerseits einen Hintergrund verwandter, schon festliegender und unbestrittener Ausdrücke voraussetzt und da sich andererseits die jeweils gebrauchte Figur von diesem Grund abhebt und so neuartig bleibt, daß sie die Aufmerksamkeit erweckt"[194], um die unreduzierbare Einzigartigkeit

---

192 M. Merleau-Ponty, *Die Prosa der Welt*, S. 57.
193 F. Ebner, *Das Wort und die geistigen Realitäten*, S. 126.
194 M. Merleau-Ponty, *Die Prosa der Welt*, S. 57.

des sprechenden Subjekts anzuhören, seine Verantwortung, die von dem Recht verstanden wird durch die Kunst der Interpretation.

Über jedes technische Können hinaus ist die Dimension der Kunst die einzige, der es gelingt, jeden Menschen anzusprechen in seiner Nicht-reduzierbarkeit auf ein ‚Exemplar der Art', dem seine ‚eigene Welt' genommen wurde, seine Welt, in der er für zurechnungsfähig erklärt werden kann und daher berufen ist, sich als Handelnder im Prozess zu stellen, in einer Debatte, die das Urteil des überparteiischen Richters vorbereitet, des Magistraten, des „sprechenden Rechts"[195].

In seiner Beschreibung des vorher erwähnten Falls zwischen dem Wert des Lebens und dem der Freiheit, unterlässt es Kelsen zu beachten, dass das Problem der Freiheit fortdauert und immer offen bleibt, weil ein Leben lebt und dauert, solange es in die Sinnsuche involviert ist. Derjenige, der es wählt, sein Leben mit dem Selbstmord zu beenden, weil er die Freiheit vorzieht, hat keine ausreichenden Argumente; niemand kann den Anspruch haben, ein totales Wissen zu besitzen, das die Zukunft so sehr beherrscht, dass er die Möglichkeit ausschließen kann, dass ein Mensch, der lebt und wegen eines anderen Menschen seine Freiheit verliert, sie durch den Dialog nicht wiedererlangen kann, der fähig ist, jede Verhärtung auf eine vorgebliche letzte Wahrheit, die sich in der Negation der Freiheit eines Menschen verwirklichen sollte, zu transformieren und zu zerbrechen.

Über diese Betrachtung hinaus soll hier angemerkt werden, dass nach Kelsen die in Konflikt stehenden Werte allein eine subjektive Lösung finden können, „die nur für das urteilende Subjekt gültig ist; keine für jedermann gültige objektive Feststellung, wie etwa die, dass Metalle sich durch Hitze ausdehnen", so wie auch kein Urteil möglich ist, das eine sogenannte objektive Relevanz erreicht „wie etwa jenes, dass Eisen schwerer ist als Wasser und Wasser schwerer als Holz. Das aber sind Urteile über die Wirklichkeit, die verifiziert werden können durch Experiment, keine Werturteile, die solche Verifizierung nicht gestatten"[196].

In diesen Bemerkungen von Kelsen wird vergessen, darüber nachzudenken, dass alles, was zu dem Entstehen der ausgebildeten juristischen Normen gehört, immer durch die Sprache entsteht; also mittels Ausdrücken, die a) *sowohl* die Äußerungen der Normen in ihren abstrakten und allgemeinen Formen bilden, b) *als auch* die Äußerungen der sprechenden Subjekte, der Autoren der Handlungen, die eine juristische Bewertung erfahren, c) *sowie* die vom überparteiischen Richter in dem Urteil ausgesprochenen Äußerungen.

Hinsichtlich dieser drei Ordnungen von Äußerungen wird mit Merleau-Ponty gefordert, zu bedenken: „Genauso ist der Ausdruck niemals Ausdruck im absoluten Sinne, das Ausgedrückte ist nie gänzlich

---

195 Cicero, *De Legibus*, 3, 1, 2.

196 H. Kelsen, *Was ist Gerechtigkeit?*, S. 302.

ausgedrückt"[197], also nie in einer ‚wissenschaftlichen' Formel objektivierbar, die der Hermeneutik entzogen ist.

„Es ist eine Eigentümlichkeit des Menschen – schreibt Kelsen –, dass er ein tiefes Bedürfnis nach Rechtfertigung seines Verhaltens, dass er ein Gewissen hat. Das Bedürfnis nach Rechtfertigung oder Rationalisierung ist vielleicht einer der Unterschiede, die zwischen Mensch und Tier bestehen... sein Gewissen mit der Vorstellung zu beruhigen, dass sein Verhalten gegenüber seinen Nebenmenschen gut ist"[198]. Dazu soll das sogenannte Bedürfnis, das eigene Handeln zu rechtfertigen, bestimmt sein; ein derartiges Bedürfnis würde also in der Suche nach der Wahrheit = Qualität in der Beziehung zu den anderen bestehen; es würde nicht in der Suche nach Gerechtigkeit oder Legalität bestehen, sondern wäre nur eine Aktivität, die darauf zielt, das Sich-wohlfühlen zu steigern, indem man sich versichert und eine Verfassung des Wohlstands erreicht. So würde es heute die *biologische Anthropologie* sehen, die nach den Parametern der Naturwissenschaften gebaut ist.

Es ist die Überzeugung von Kelsen, dass der momentane Zustand der Wissenschaften „keine klare Einsicht in den Kausalnexus der gesellschaftlichen Phänomene"[199] ermöglicht und es daher nicht erlaubt, eine experimentelle, wissenschaftliche Überprüfung darüber durchzuführen, was in den sozialen Systemen passiert, die noch unbekannt sind, wegen den Methoden und den Errungenschaften der Naturwissenschaften, die von Hauser zitiert werden.

Diese Betrachtungen durchziehen auch eine nicht überzeugende Abhandlung über das Prinzip der Gleichheit, die Kelsen selbst als „das Wesen der Gerechtigkeit"[200] ansieht. Die Voraussetzung zu akzeptieren, dass alle Individuuen gleich sind, bedeutet einen Ausgangspunkt zu teilen, der falsch ist, da „die Menschen tatsächlich sehr verschieden sind und es überhapt nicht zwei Menschen gibt, die wirklich gleich sind, ist der einzig mögliche Sinn dieser Forderung: dass die Gesellschaftsordnung in der Gewährung von Rechten und der Auferlegung von Pflichten gewisse Unterschiede unberücksichtigt [lässt]"[201], sie mittels der Produktion einer *Fiktion* verdrängt, die vom herrschenden Recht legalisiert wird, wodurch mit Nietzsche behauptet werden kann, dass das Recht eine *Lüge* ist.

So präsentiert sich, im Konzept der Gleichheit, diese allgemeine Struktur jedes Begriffs wieder, die Nietzsche meint, wenn er behauptet, dass jeder Begriff entsteht, weil er „dienen soll,... [und] zugleich für zahllose, mehr oder weniger ähnliche, d.h. streng genommen niemals gleiche, also auf lauter ungleiche Fälle passen muss. Jeder Begriff entsteht durch

---

197 M. Merleau-Ponty, *Die Prosa der Welt*, S. 58.

198 H. Kelsen, *Was ist Gerechtigkeit?*, S. 305.

199 Ebd., S. 305.

200 Ebd., S. 311.

201 Ebd., S. 311.

Gleichsetzen des Nicht-Gleichen“[202], entsteht also aus einer Fiktion, einer ‚Lüge‘, die also auch für alle juristischen Begriffe konstituierend ist.

Wie schon Nietzsche meint auch Kelsen, dass das Konzept der Gleichheit einen ausreichenden Grund haben könnte, wenn es gelingen würde bei einer Pluralität von Individuen ‚wissenschaftlich‘ zu beweisen, dass jeder dem anderen gleich ist, und diese Behauptung mit einer Überprüfung im Labor bestätigt würde, so wie es bei den Naturwissenschaften geschieht. Es wird nicht beachtet, dass die Menschen Menschen sind, weil sie Menschen *sein können*, also mehr wegen der *Möglichkeit* ihrer Existenz als wegen der faktischen *Realität* ihres Hier- und Jetzt-seins. Dies gibt Heidegger zu verstehen, wenn er sagt, dass *die Möglichkeit höher ist als die Realität*[203] und dass folglich die Gleichheit die Tatsache betrifft, dass sich die Menschen in Ausübung ihrer Freiheit planen können.

Nachdem keine Laborüberprüfung oder wissenschaftliche Gewissheit über den Vergleich zwischen dem Benehmen der Menschen möglich ist, die zwischen den entgegengesetzten Polen der Gewalt (gegen das Recht) und dem Respekt (vor dem Recht) schwanken, soll also nur „das Prinzip der Recht- oder Gesetzmässigkeit, das jeder Rechtsordnung ihrem Wesen nach immanent ist“ übrigbleiben. Das führt zu der Schlussfolgerung, dass es also keine praktikable Argumentation ist, darüber zu diskutieren „ob diese Ordnung gerecht oder ungerecht ist“[204].

Auf dem jetzt von Hauser vorgeschlagenen und schon von Kelsen begangenen Weg verliert die *reine Forschung* in der Ausbildung des Juristen ihren Sinn; es bleibt nur die *angewandte Forschung*, weil man bei Kelsen lesen kann: „vom Standpunkt rationaler Erkenntnis gibt es nur menschliche Interessen und daher Interessenkonflikte. Für deren Lösung gibt es nur zwei Möglichkeiten: entweder das eine Interesse auf Kosten des anderen zu befriedigen, oder einen Kompromiss zwischen beiden herbeizuführen. Es ist nicht möglich zu beweisen, dass nur die eine, nicht aber die andere Lösung gerecht ist“[205].

Es wird mit Hayek daran erinnert, dass es bei Kelsen „keinen positiven Gerechtigkeitstest gibt“[206]. Auch heute noch wird der ‚positive Test‘ nicht von der sogenannten Rechtswissenschaft akzeptiert, was also dazu führt, jede Frage über ‚*das Gerechte*‘ auszuschließen, das gänzlich von dem ‚*Gesetzmäßigen*‘ ersetzt wird, das auf jede Weise verwendet werden kann.

Aus einer entgegengesetzten Perspektive bemerkt Radbruch mit Stammler, dass „die Rechtsphilosophie die Doktrin des gerechten Rechts“[207]

---

202 F. Nietzsche, *Über Wahrheit und Lüge im außermoralischen Sinne*, in: *Sämtliche Werke*, Berlin, 1988, Bd. 1, S. 879-880.

203 Vgl. M. Heidegger, *Sein und Zeit*, § 31.

204 H. Kelsen, *Was ist Gechtigkeit?*, S. 313.

205 Ebd., S. 319.

206 F. A. Hayek, *Recht, Gesetz und Freiheit*, S. 204.

207 G. Radbruch, *Vorschule der Rechtsphilosophie: Nachschrift einer Vorlesung*, Heidelberg, 1948, S. 17.

ist und dass also die Ausbildung des Juristen sich in die Richtung der Kunst (*logos*) bewegt, die das Gerechte im Legalen sucht; sie geschieht nicht in einer trügerischen Imitation der Naturwissenschaften (*bios*).

Auf der Suche nach einem wissenschaftlichen Test wird jede Vision der Gerechtigkeit als irreführend betrachtet, weil sie sich nicht experimentell beweisen lässt, so wie sich die Phänomene der Physik und der Chemie beweisen lassen, wie aus den vorher in der Lektüre von Kelsen erwähnten Beispielen hervorgeht.

Die Frage der Gerechtigkeit bezieht sich auf die Freiheit des Menschen, auf sein Ich, das ein solches ist, weil man es nicht objektivieren kann, nicht wissenschaftlich verifizieren kann, und das stattdessen immer – wie Heidegger sagt[208] – jene ersten Fragen wiederholt, ursprünglicher und nie ganz gelöster Art, die die Selbstauffassung des Menschen beschäftigen und damit beweisen, dass diese Selbstauffassung zur Dimension der *Kunst* gehört und nicht zu der der *Wissenschaft* oder der *Technik.*

Außerdem bemerkt Heidegger: „vielleicht ist beweisbar nur, was im Wesentlichen belanglos ist“[209]. Was zu einem objektivierenden, technisch-wissenschaftlichen Wissen gehört, ist beweisbar. Die Sinnhypothesen bewegen sich jenseits des schon Objektivierten und Bekannten, wobei sie die *reine Forschung* wagen, auch in der Ausbildung des Juristen, und das erhellen, was nicht ‚im Grunde belanglos‘ ist, das ‚*Gesetz des Textes*‘, das jedem ‚*Text des Gesetzes*‘ einen Sinn gibt, und daher auch jeder *angewandten Forschung*, die ihn behandelt.

[208] M. Heidegger, *Phänomenologie des religiosen Lebens*, Frankfurt am Main, 1995, in *Gesamtausgabe*, 60, S. 35.

[209] Ders., *Die Grundbegriffe der Metaphysik: Welt – Endlichkeit – Einsamkeit*, Frankfurt, 2010 in *Gesamtausgabe*, Band 29/30, S. 21.

Nachwort der Übersetzerin

Das Wesen eines Autors drückt sich in seinem Stil aus – „le style, c'est l'homme" wie schon Raymond Queneau feststellte. Daher wurde hier versucht, der komplizierten Gedankenführung des italienischen Originaltextes stilistisch gerecht zu werden, indem die deutsche Sprache sich dem Original möglichst stark anpasst, sodass der Sprachduktus des Originals erhalten bleibt. Der Rationalisierungsprozess, der bei der Neuanordnung von Sätzen und Satzteilen während der Übersetzung im Kopf jedes einzelnen Übersetzers stattfindet, droht aber einem Ordnungsmodell zu folgen, das dazu neigt, eine lineare Gedankenführung herzustellen, Kompliziertes zu vereinfachen. Lange Nebensätze fallen daher beim Übersetzen leicht diesem Prozess zum Opfer, werden gekürzt und gestutzt und verfremden so das Original. Die vorliegende Arbeit wählt bewusst den entgegengesetzten Weg.

Alle deutschen Original-Textstellen, die als Zitate in italienischer Übersetzung in den italienischen Ausgangstext eingegangen sind, aber ursprünglich aus dem Deutschen stammen, konnten identifiziert werden. Außerdem wurden die Zitate von Hauser aus dem englischen Original *Moral Minds* übersetzt, auch einige Zitate von Hayek wurden direkt aus dem Englischen übersetzt, die nur auf italienisch erschienenen Texte wurden direkt aus dem Italienischen übersetzt und Cicero wurde im lateinischen Original konsultiert.

Susanne Lippert lebt in Rom und arbeitet seit 1998 an verschiedenen öffentlichen und privaten Universitäten (Università di Cassino e del Lazio Meridionale, Università La Sapienza, Università Roma Tre, LUISS und Lumsa) als Lehrbeauftragte für „Deutsche Sprache und Übersetzung" und Lektorin. Ihre Publikationen umfassen mehrere Bücher und Artikel zur Linguistik, sowie literarische Veröffentlichungen; außerdem arbeitet sie als Übersetzerin.